壊れかけていた私から壊れそうなあなたへ

豊田正義＝著

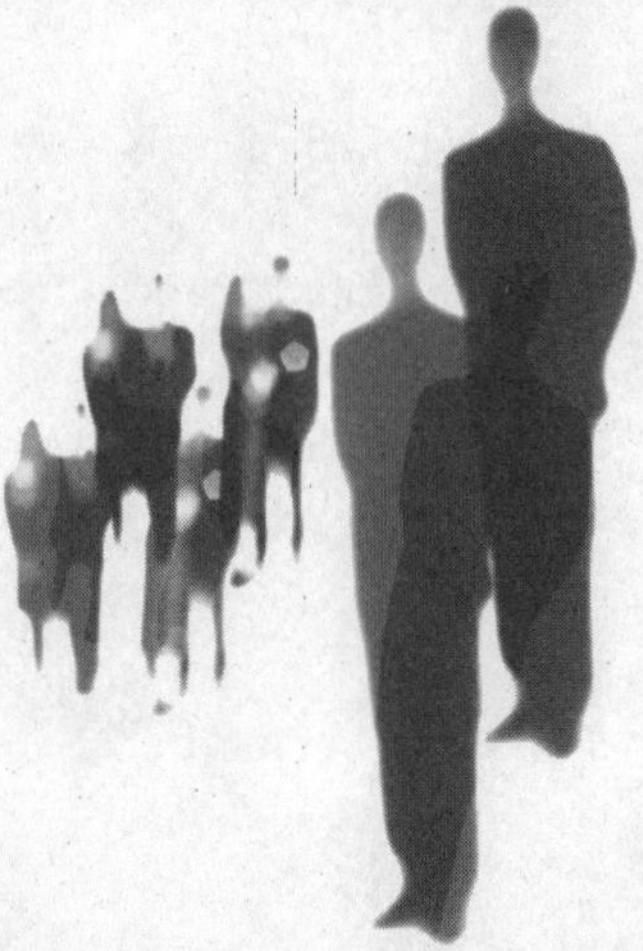

大修館書店

壊れかけた自分を抱えて……まえがきのようなもの

「回復者カウンセラー」という人々がいる。

彼・彼女らは苦しみを乗り越えた回復者として、かつての自分と同様の苦しみを抱えている人たちへのカウンセリングをしている。

たとえば、アルコール依存症にはアルコール依存症特有の苦しみがあり、それは味わった者でなければわからない部分がある。いくら文献を読んだり話を聞いたりしても、実体験にははるかに及ばない。アルコール依存症を学ぶには、アルコール依存症の経験が最高の師なのである。それを基盤にしたカウンセリングであれば、それは共感と受容にあふれているにちがいない。アルコール依存症を克服したカウンセラーの存在そのものも、苦しみの真っ最中にいるクライアントにとっては希望になるであろう。

こういうカウンセラーは貴重である。なかなか出会えるものではないが、貪欲に探していけばかならず存在する。実は、私自身もクライアントの一人として必死に探しているところなのだ。私の場合は鬱という苦しみであるが、それを身をもって知っていて、微妙な心理の動きを自分のことのように察せられるカウンセラー。「頭」のカウンセラーではなく、「心」

のカウンセラーを心から欲している。私と同様の気持ちを抱いている人は多いことだろう。

本書では四人の「回復者カウンセラー」の話を書いた。それぞれが乗り越えてきた苦しみは、家庭内暴力（子どもの暴力、夫の暴力）、自虐行為としての性行為、摂食障害（拒食・過食症）である。どれも現代社会に蔓延している心の病であり、一般的にカウンセリングであつかうのは難しいと聞く。実際それらに苦しんでいる人たちに、登場人物たちの回復者としての経験と、カウンセラーとしての情熱を伝えたかった。また、当事者ではない人たちにとっても、登場人物たちの生き方は多くの示唆と展望をもたらすであろう。

ここにカウンセラーの原点があると私は信じている。

壊れかけていた私から　壊れそうなあなたへ〈目次〉

第1章　気づき始めた父親たち

第2章　逃げたいのに逃げられない

第3章　「こんなことしてるの私だけでしょうね？」

第4章　食べるのが苦しい

【第1章】不登校・家庭内暴力

気づき始めた父親たち

▼ある「父親教室」の風景

神田神保町の裏通りにある雑居ビルの一階で、毎月二回、日曜日に、「父親教室」が開かれている。といっても、最近流行りの「父親のための料理教室」といった類いのものではない。ここに集まってくる男たちは、子どもの不登校、引きこもり、家庭内暴力などで悩んでいる父親たちである。入れ替わり立ち替わりで、毎回十人前後の父親が来る。

伊藤恵造（五十九歳）は、約四年前にカウンセリングルーム『ひだまり』を開設して以来、個人カウンセリングの他に、この「父親教室」を続けてきた。

なにか特別なカリキュラムがあるわけではない。円卓を囲んで、父親たちはそれぞれの体験談や子どもへの気持ちなどを三時間にわたって語り合う。

「息子はたまにコンビニに行くぐらいしか外に出ません。髪や髭は伸びっぱなしです。いたずらに歳ばっかり食って…。まだ作家になりたいなんて言ってるんですよ。でも、私がなにかを言うと、ガーッと責めてくるんで、この頃は何も言いません。人様のことを言っているのに、『俺のことを責めてるんだ』なんて暴れるんですから」

「私のところと同じです。私が話をすると、なにがどう気に食わないんだか、ワーッと暴れるんです。傷だらけになるし、部屋は壊れるし、どうしようもないんで、食事に薬を混ぜて強引に飲ませるようにしたんですけどね。そうしたら、少しはおさまるようになりました。でも、薬だけでは本当の解決にはなりませんよ。まだ私がいかに嫌われているか…。私が帰ると、部屋に逃げてしまって、テーブルに食べのこしが残っているんです。いつになったら、私と話をしてくれるやら」

「うちはとうとう息子と別居しました。このあいだ妻が息子に蹴られて肋骨を折ってしまったんです。もう限界ですよ。それでも食事だけは届けているんですけど。こんな状態が十何年もつづいて、まだつづくのかと思うと、絶望的になります」

「息子は対人恐怖で引きこもっているんですけど、最近、妄想が起こってきたんです。カーテンを開けて『誰か見てるんじゃないか』とキョロキョロしたり、足音がすれば、『自分を狙いに来てるんじゃないか』とか。医者やカウンセラーに会わせたいんですけど、それを言うと、かえって暴力でもどってくるんです。思い切って強引に入院させたほうがいいのかどうか…」

こういう深刻な話がえんえんと続く。カウンセラーの伊藤恵造はほとんど口を挟まず、黙って父親たちの話を聞いている。話が一般論にそれたりすると、「ここでは自分のことを話してください」と穏やかに注意するぐらいだ。あたかも、父親たちの中に、なにかの変化が訪れるのを静かに待っているようだ。

それにしても、私は、男たちがこれほどあけすけに子どもの問題を語り合っている光景を初めて見た。男性は男らしさという意識のために、自分の悩みや弱みを話さない傾向がある。ましてや、悩みや弱みを話し合うという集まりであれば、「負け犬の傷のなめあい」という中傷を受けることもあるだろう。しかし父親教室に参加している男たちは、男らしさの鎧をどんどん取り払っていくかのように、悩みや弱みを本音で語りはじめていく。

恵造は、こう言う。

「まず話をして、楽になることが大切なんです。それまでは自分を守らなければならないという意識や世間体があって、子どものことを人に言えない。しかし、時間はかかりますが、それを話せるようになり、他人の体験談も聞けるようになれば、気持ちが楽になり、子どもにとって大切なこと、父親として必要なこと、足りなかったことなど、いろいろなことに気づいていくんです。父親教室はその気づきの場なんですよ」

▼家族のアンバランスと父親たちのネットワーク

息子の暴力に悩んでいる父親の実態というのは意外に知られていない。ときおりその苦しみに耐えかねて父親が息子を殺してしまうという悲惨な事件が起きて世間を驚かせる。記憶に新しいところでは、一九九六年十一月に東京都文京区であった事件である。

東大卒の父親（当時五十二歳）は、不登校と暴力をつづける息子（十四歳）の面倒を見るため、長年勤めていた出版社を辞めてまで時間をつくった。暴力をふるわれている母親を別居させ、息子と二人だけで暮らし、食事の支度や買物の使い走りまでやったという。息子から罵られ殴られることは頻繁にあったが、「絶対にやり返してはいけない」というカウンセラーの忠告をかたくなに守り、無抵抗を貫き通していた。

父親は、息子がロック好きなのを知って「音楽が癒しに役立つのではないか」と考え、エレキギターを買い与え、ギター教室に通わせた。息子は学校に行かないときも、この教室だけは休まなかった。父親もエレキを習いはじめ、息子といっしょにレッスンを受けた。その頃から、息子は教室で笑顔を見せるようになった。高校進学をやめて、音楽の専門学校に進むことを決めた。「おれ、ミュージシャンになるんだ」と同級生に語っていた。

しかし、最悪の事態が起こった。ある日、息子は、「Tシャツとビデオテープを買ってこい」と言いつけ、父親が買物を終えて帰宅したとたん、「Tシャツの柄が気にくわない！」と殴りかかった。父親はそのときも無抵抗を続け、掃除機のパイプで殴られて顔面に傷を負った。しかし、もはや限界だった。一睡もせずに迎えた朝、金属バットを手に取り、寝ている息子の頭を何度も殴りつけた。それは彼にとって、息子に対する初めての暴力だった。正午過ぎに警察署に行った。警察官が免許の更新に来た人と間違うほど落ち着いた素振りで自首したという。

九十年代にはこの事件の他に、九二年、高校教師（当時五十四歳）とその妻が、アルバイターの息子（二十三歳）を刺殺した事件が関心を集めた。やはり動機は「暴力に耐えかねて」ということだった。また九六年にも、三十三歳にして親に暴力をふるっていた会社員の息子を六十一歳の父親がバットで撲殺するという事件が起きたが、「親として将来を悲観し、いっそのこと殺そうと思った」と自供している。他の息子殺害も動機はほとんど変わらない。

もちろんこれらは、突出した事例である。しかし潜在的には、ぎりぎりのところで踏み止まっている父親は少なくないだろう。

以前、子どもの家庭内暴力の取材で出会った父親が「暴れているときは『殺してやりたい』と思ったことはありますよ。でも、寝顔を見たら『ああ、やっぱりかわいいな』と思って、とてもできませんでした」と語っていた。私はそのとき、一抹の不安を感じた。もしそのまま苦しみ続けていれば、いつかはかわいい寝顔という「最後の抑止力」が効かなくなってしまうのではないだろうかと思った。その人を怒らせたり落ち込ませてしまうかもしれないので何も言わなかったが、今でもそのときの心配は消えない。

最悪の事態を招かないためにも、父親たちの心のケアは重要である。子どもの家庭内暴力の問題においては、子どもや母親の精神状態に目が向けられることはあっても、父親の精神状態は意外に見落とされがちである。そして父親自身も、なかなか苦しみを打ち明けようとしない。子どもをカウンセリングに通わせようとすることはあっても、本人が自分のケアのためにカウンセリングに通うことはめったにない。このあたりの意識改革を父親たちに促していくことや、安心して語れる場を提供していくことは社会的課題といっても過言ではないだろう。


伊藤恵造のもとには親からの相談が引きも切らないが、やはり母親が大半である。精神科や子どもの相談機関を転々として、いっこうに子どもの状態が良くならないので途方に暮れている。どこかしらで『ひだまり』の情報を得て、一縷の望みを託すかのように訪ねてくる。どの親も最初は「子どもを治してほしい」と嘆願し、治すためのテクニックや処方箋を聞きたがる。しかし恵造は、そういう親に対してこう説明する。

「子どもだけが問題ではありません。家族全体のバランスが悪い、コミュニケーションがおかしいのをいちばん弱い子どもが受けて、引きこもりや家庭内暴力で表わしているんです。

子どもは『お父さんの生き方はおかしいよ、お母さんの生き方もおかしいよ』というシグナルを出しているんです。そういうふうにとらえて、親が変われば、子どもも変わるんです」しかし、こう言われても、親はそう簡単に納得しない。というより、なにを言われているのか理解できずにキョトンとしている。

特に父親は頭が固い。「子どもが悪い」と一方的に決めつけて、「子どもは病気なんだ。医者に診てもらって薬で治せばいいんだ」と安易に考えている人が多い。

「夫がぜんぜん協力してくれない」と悩んでいる母親も多い。ごくたまに夫婦でカウンセリングに来るが、夫のほうは付き添いという感じである。

家庭内暴力をふるう子どもの父親の傾向は、主に二つあると恵造はいう。第一に、権威的であること。「自分は偉いんだ」という意識が言葉や態度にあからさまに出ている。高学歴者、良家の出身者、エリートサラリーマン、教師、弁護士、医者などが少なくない。第二に、仕事人間であること。子どもとのふれあいがほとんどなかった父親である。

「みなさん最初はロボットのようですよ。効率優先の競争社会のなかで、感情が麻痺してしまっている。自分のいまの感情がわからなくなっている。これでは子どもの本音はわからない。子どもの本音はすべて感情です。子どもは感情で訴えているのに、父親はそれが理解できず、価値観、世間体、常識で接するから、すれ違いが起きるんです」

だからこそ、まず、父親のほうが豊かな、人間らしい感情を取り戻すことが必要なのである。子どもを変えようとする前に自分自身を変えようとする気持ちを父親が持つことが大切なのだ。もちろん、そう簡単なことではない。前述の事件の父親などは、必死に自分を変えようと努力していたはずである。そして少しずつ成果が出てきて、子どもと打ちとけられるときもあったようだ。ギターをいっしょに習って子どもに笑顔が戻ってきたときなどはまさにそうだろう。しかしもう少しのところで、限度を越してしまったのだろう。なんともやりきれないし、実に難しいことだと改めて思う。

ただ、あの事件の父親が一人だけで孤独に努力するのではなく、同様の問題を抱える親同士で支えあっていたら、とも思ってしまう。あの事件から得られる教訓のひとつは、悩める父親たちのネットワークづくりの必要性ではないだろうか。だからこそ、伊藤恵造が取り組んでいる父親教室を私は評価するのである。

恵造は熱心に父親を誘う。現実には断られる場合が多い。しかし中には、恵造の話を聞いて心を動かされ、父親教室に通うようになる人もいる。彼自身の体験こそが、父親たちに希望を与えるからにちがいない。

▼修羅場が始まるまで

伊藤恵造はカウンセラーの資格を取得する前、銀行に三十三年間勤めていた。

東大を卒業し、日本不動産銀行（現・日本債券信用銀行）に入行。鑑定部を皮切りに、人事部、営業部などで重職を果し、札幌、金沢、名古屋、香港へと栄転を続け、大阪では副支店長を務めた。同期のなかでは、常にトップを走っていた。

仕事のみではなく、趣味も多彩で、テニス、スキー、ゴルフ、コーラス、そして謡曲と、興味が向くものは全部こなしていた。特に高校生のとき始めた剣道の実力は三段で、東大時代は各種大会に出場し、卒業後も有名道場に通っていた。

まさに、自他ともに認めるエリート人生であった。

しかし、四十七歳のとき、大阪での四年間の単身赴任を終えて、東京へ戻ってきた頃から、その順風満帆な人生に狂いが生じ始めた。東大進学率を誇る有名私立高校の二年生だった一人息子が、突然、登校拒否を起こしたのだ。

恵造と妻は、慌てふためいた。「いったい、どうしたんだ」と問い詰めても、息子は口を閉ざしていた。成績は悪くないので授業についていけないはずはない、鉄道研究会に所属しているので友人関係もうまくいっているはずと思い込んでいた両親には、いったいなにが原因なのかさっぱりわからなかった。

当時の恵造に、子どものことが理解できるはずもなかった。合計七年の単身赴任で、大阪時代の四年間は休日も接待ゴルフなどで忙しく、月一回程度しか家に帰っていなかった。息子は中学入学から高校二年生になる頃まで、父親とコミュニケーションがないも同然だった。

ちょうど多感な時期で、息子には人間関係でも進路のことでも悩みがあった。しかし、恵造はぜんぜん聞いてあげられなかった。いや、悩みがあることさえ知らなかった。

息子が登校拒否を起こしても、「怠けているだけだ」としか思えなかった。部屋は散らかり放題。昼夜逆転の生活。恵造には、どれも許せなかった。しかし何度話を聞いても、息子は、なぜ学校に行かないのか決して話さなかった。

息子は「頭がのぼせる」とよく言っていたので、妻は神経科のクリニックに連れていった。医師は心理テストを息子に受けさせたが、病気かどうか判断できないとのことだった。そこで恵造は、知人の精神科医に頼んで、再び息子を診察してもらった。知人は「若いのに珍しくひどい鬱だ」と、強い薬を処方した。

ところが、その薬を服用するようになってから、息子の状態はますます悪くなっていった。薬が強いので、だらっと首を曲げて歩いたり、よだれを垂らしたりするようになった。部屋に閉じ込もり、音量を目一杯にあげて音楽をかけたりすることもあった。

ある晩、恵造は堪忍袋の緒が切れ、音楽がガンガン鳴り響いている子ども部屋に飛び込み、「そんなことをするなら、外に出ろ！」と息子の襟首をつかみ、玄関から外に放り出した。「わがままな息子を懲らしめてやった」と思った。

夜中に娘が両親の寝室に来て、「変な音がするの」と怖がった。恵造たちが急いでドアを開けると、息子は物凄い形相をして大きな庭石を持ち上げ、ドアを叩き破ろうとしていた。父親の姿を見た瞬間、息子は石を降ろしたが、一歩もひるまずに父親を睨みつけた。

恵造が「何をするんだ！」と怒鳴りつけると、息子は飛びかかってきて胸倉をつかんだ。剣道などで体を鍛えていた恵造は息子に負ける気がせず、「よし、懲らしめてやる」と取っ組みあった。路上に出て三十分ほどもみ合いになり、息子をねじ伏せた。おとなしくなった息子は家にあがることを許されたが、部屋にこもって夜通し泣き叫んでいた。

翌日、知人の精神科医に相談したところ、「息子さんを入院させて、強い薬で病気を追い払わなければ治らないよ」と忠告された。恵造は抵抗があったものの、他に手段を思いつかなかった。ふたたび息子を精神病院に連れていき、診察を受けさせた。その医師は、わずか十五分で精神分裂症と診断し、入院を強く勧めた。息子は懸命に拒んでいたが、病室を見学し、開放病棟で外出も自由にできるとわかってしぶしぶ入院した。

「息子が治ってほしいという気持ちから、専門医にすべてを託すつもりだったんです。自分自身でも可能なかぎり子どもの問題に取り組みたかったんですが、仕事が忙しくて余裕がありませんでした。ちょうど登校拒否が始まった頃に、取引先の不動産会社へ出向を命じられて昇進に陰りが見え始めたので、焦ってますます仕事に没頭していたんですね。妻が息子の暴力に対して不安を訴えてきても、のらりくらりと逃げていました。それから、息子の問題が会社に知られたらどうしようという恐れもありました。正直いって、迷惑ばかりかける息子を厄介払いしたい気持ちもあったんです。しかし、あのとき入院させたことで息子は、『俺は捨てられた』と親を恨んで、それがずっと尾を引くことになったんです」

▼崩壊

入院一カ月後に息子は「学校に行きたい」と言い出したので、病院と自宅と交互に泊まりながら通学をはじめた。もう一カ月後には退院して通学するようになった。

しかし、ある日帰宅するなり、「友達から『疫病神』と言われた。もう行かない」と泣きだし、その日以来また不登校になった。かろうじて三年生への進級は認められたが、新学年になっても息子はほとんど通学しなかった。恵造は、せめて卒業だけでもしてほしいと思っていたので、校長と交渉をして、授業に出なくても職員室で出席だけ取って図書室にいてもいいという許可を得た。しかし、それでも息子はかたくなに不登校を続けた。

両親が「行きなさい！」と叱りつけると、息子は家の中で暴れるようになった。自分の部屋の窓硝子にコップを投げつけて割って以来、癇癪を起こすたびに硝子を割るようになった。

ある日、学年主任の先生から電話があり、息子は話をしたが、その直後に「あの先生も僕の気持ちをわかってくれない」と激昂して、家中の硝子を割った。近所の人の通報で警官が駆けつけ、息子はふたたび精神病院に連れていかれた。母親が「入院させてください」と医師に頼み込んだが、「本人が入院を望んでいない」と断られ、仕方なく自宅に連れ帰った。恵造たちは、いつまた息子の暴力が始まるのかと戦々恐々の日々を送ることになった。

その頃、学校から両親に呼び出しがあった。校長や学年主任から「今後どうするのですか」と詰問され、恵造はやむをえず休学を申し出た。そして彼自身も会社内で、息子の病気を理由に閑職へ異動を申し出て、出世一途の人生にみずから終止符を打った。

「僕と妻は、もうどうしていいかわからなくて、だれかに助けてもらいたいという一心でした。あの頃の僕たちなら、息子が治ると言われれば、だれになにを言われても鵜呑みにしたでしょう。何人もの精神科医やカウンセラーを訪ね歩いて、対処法を聞き回りました。とにかく、息子を何とかしてくれる〝特効薬〟だけが欲しかったんです。しかし結局は、どれも効果がありませんでした」

万策尽きたかのように思ったとき、ある新興宗教の人から勧誘され、すでに正常な判断能力を失っていた妻が誘われるままに入会した。そこの信者は「神道の家には頭が異常な人が出る」と言った。恵造の父は神道の神主であり、恵造自身も熱心にお参りに行っていたので、妻との〝宗教戦争〟になった。しかし新興宗教の勧誘のチラシに「不登校・家庭内暴力が治る」という文句を見つけ、恵造の気持ちもぐらぐらと揺らぎ、妻といっしょに入会した。「献金が足りない」と言われれば何百万円も出し、「墓や神棚が悪い」と言われれば新しいものを大金で購入した。それでも効果が出なければ、別の宗教団体に入った。

そうこうするうちに、妻が極度のノイローゼ状態に陥った。恵造が宗教団体に愛想を尽かして完全に脱会した後も、妻はどんどん深入りして精神状態を悪化させていったのである。夜中に飛び起きて「そこに悪魔がいる!」「その神棚には祟りがある!」と叫んだり、「息子を殺して、死んじゃおう」とまで言い出すことがあった。息子だけではなく、妻の精神的ケアにも恵造は全力を注いだ。

しかもこの頃、彼は株式投資にのめり込んでいった。「このままでは就職もできないだろう」と思い込み、息子が利子だけで食べていけるように、一億円の財産を作ろうとしたのだ。しかし結果は、逆に五千万円の借金を背負うはめになった。

たび重なる心労で疲れ果てた恵造は、とうとう脳梗塞で倒れ、入院した。

▼息子を自らの鏡にして

恵造が絶望の淵から一筋の光明を見いだしたのは、退院後に、ある講座に通いはじめてからだった。新家庭教育協会の理事長、山崎房一氏の『父親心理学訓練講座』である。山崎氏は、引きこもり、非行、拒食、過食、いじめ、チック症などの問題を解決するためには、まず家庭が「許し」と「癒し」と「励まし」と「やすらぎ」のあるところにならなくてはだめだ、心おきなく何でも話し合えて、いつでも帰ってこられる温かい寝ぐらのあるところにならないとだめだと考え、講座や著作などを通じて親に広く呼びかけていた。

『そのままのわが子に百点満点!!』という著書の中で、彼はこう書いている。

「登校拒否にしても家庭内暴力にしても、彼らの話を真剣に聞いてあげることが必要です。彼らの気持ちを本気で理解する。そして『きみは何も間違っていないよ。ボクが同じ立場だったらきっと同じことをするだろうね』と、本心で答える。すると、彼らの顔にみるみる変化が現れます。まず、彼らのあるがままの姿を大胆に認めてあげることが大切なのです。それがお互いに了解できたら、そのあとは『いい加減にしろ』と叱っても、彼らは反抗しません。

ところが、たいていは、まず最初におまえが悪いというふうに、彼らの存在をあたまから否定してしまいます。彼らは、自己否定という膿んだ傷をもっているのです。そこをつついても何の改善ももたらされません。しかし彼らのあるがままを百点満点だと認めてやると、傷が破れてどっと膿が出てきます」（新家庭教育協会編、ＰＨＰ研究所発行）

恵造はこういう言葉の数々に心を動かされ、それまでの自分が間違っていたことに気づいた。山崎房一氏の教育論をさらに深く理解したくて、恵造は父親の講座だけでなく、母親の講座にも参加した。週一回、平日の午前十時から午後三時まで行なわれるので、閑職に就いたことを活かして、休暇を取ったり職場を抜け出したりして出席した。それほど熱心な恵造に対して、山崎氏も親身になり、じっくりと相談に乗った。

あるとき、山崎氏が、「伊藤さん、子どもを変えようとしないでいいよ。親が変われば、子どもは変わるよ」と言った。恵造はそのときこそ充分に理解できず、半信半疑であったが、徐々にその言葉を確信するようになっていった。

講座の参加者との出会いも大きかった。子どものことで、初めて腹を割って話ができる人たちだった。お互いに一週間の報告をして励まし合った。みんな様々な苦労をしている人たちであったが、明るく元気であった。「あっ、自分もこんなふうになれるんだな」と恵造は思い、気持ちがどんどん軽くなっていった。苦労を乗り越えた人の経験談を聞くと、「子どもも良くなっていくんだな」と自信を与えられた。息子に対する目つきや態度も変わってきた。気持ちが楽になったことで、息子の前でも肩の力が抜けて、自然と優しくなっていった。息子にもそれが伝わったのか、それまでまったく話をしなかったのが、恵造が話しかけると少しずつ応えるようになっていった。

息子と落ち着いて話をしてみて、恵造はびっくりした。息子はとにかく、いろいろなことをよく考えていた。引きこもっている間、本をたくさん読み、「人生ってなんだ」「俺はなんで生きているんだ」と考えに考え、ひとつひとつの経験や物事をなめるように反芻していたのだ。恵造は、「すごい分析力、理解力だ」と感心した。頭ごなしに彼を否定していたときは、そういう優れたところにぜんぜん気づかなかった。

そして、息子に影響されて、自分自身のことを省みた。恵造は、暗記力には自信があったが、じっくり考えるという癖がなかった。大学でも授業を聞いているだけで、本を読んで考えたことがなかった。勤めてからも「マニュアル人間」だった。なにか仕事をやろうとすると、先例や他の会社の例を調べて無難にこなすことに専念し、自分自身でやり方を独創的に考え出してやることはなかった。銀行はとくに保守的なので、そのほうが認められた。前を見て、横を見て、常に他人の目を気にしながら生きてきた。

どうしてそんなふうになってしまったのだろうかと、恵造はしばしば考えた。すぐに思い出したのは、子どもの頃の体験だった。

父親といっしょに戦争で疎開して、母親の実家に行った。にわとり小屋だったところへ板を敷いて住んでいた。母親は恵造が五歳のときに亡くなっていたので、肩身の狭い思いをしていた。しかし、他に行くところがなかったので、そのまま居候を続けていた。ある冬の夕方、恵造は、従兄弟をリヤカーに乗せて引いていた。庭に入ったとき、恵造は走りだしたが、そのうちに疲れ果てて、我慢の限界が来て、急停止した。すると、はしゃいでいた従兄弟が飛ばされて、鉄棒に鼻をぶつけ、わんわん泣きわめいた。父親が駆けつけ、鬼のような形相をして、恵造を溝へ放り投げた。枯葉が積もっていたので怪我はしなかったが、泣きながらはいあがってくると、父親にまた襟首をつかまれ、何度も投げ捨てられた。

「あれが僕のトラウマなんです。それ以来、おやじに叱られないようにしよう、叱られたらなんと言い訳しようと、常に神経をはりめぐらせてきました。おやじの中の『いい子』をやっていたんですよ。学校へ入っても、会社へ入っても、誰からも叱られないようにしようと、他人の目ばかり気にしてきたわけです。『伊藤さんは、いい人だ』とよく言われましたけど、本人はものすごく神経を使って、夜もすぐに眠れないくらいでした。そういう生き方のなかでは、本音を言ったり、自分をさらけ出すということは絶対にできませんでした。常に要領良く、完璧主義を自分に課していたわけです」

こういう父親の存在自体が、息子にはプレッシャーだったのかもしれない。奨学金とアルバイトで東大を出て、スポーツも万能で、趣味もたくさん持っていた恵造は、「俺は苦労して、こんなにがんばってきたんだ」という自負があり、「息子も俺のように、苦労に負けず、強くたくましくやってほしい」と過大に期待していた。ところが息子は、キャッチボールもろくにできない。いつしか自然と、「この子は男のくせに情けない」「根性がない」「だらしない」と否定的な見方をするようになっていた。

「息子はそれを敏感に感じ取っていたんでしょう。そして、高校二年のときに、耐え難くなったんでしょうね。でも、山崎先生の講座に出て勉強し、いろいろな人と出会って語り合っていくうちに、『僕のほうが間違っていた、息子は息子でいいんだな、ありのままの息子を受け入れてあげたいな』と思えるようになったんです。そうしたら、息子にその気持ちが伝わったらしく、彼も着実に変わりはじめてきたんですよ」

ある日、息子が、高額なパソコン商品を恵造にねだった。借金の返済もあり、金に困っていたので、恵造はためらった。そこで山崎氏に相談すると、「子どもが要求するものは破産してても買ってあげなさい。親の愛情がわかれば、『お金はもうないよ』と言っても、子どもは理解するでしょう」と言われた。

恵造はその通りに高額な品物を買ってあげ、「もうお金ないよ」と正直に言った。すると、息子は自分のこづかいを貯めて、パソコンの部品などを買うようになった。親を責めるようなことは、ほとんどなくなった。

「山崎先生に会いに行こう」と恵造は息子を誘った。「いいよ」と気さくに応じたので、二人で会いに行った。取り立てて特別な話をするでもなく、なごやかに二時間ほど会話をした。すると、帰宅途中に、息子が突然、「お父さん、許してあげるよ」とぽつんと言った。恵造は胸が一杯になった。長い長いトンネルからようやく抜け出したかのような気持ちだった。

その後、息子は、見るからに元気を取り戻していった。外にも自分から出ていくようになり、不登校の子どもが通うフリースクールでボランティアを始めるまでになった。もちろん、浮き沈みはあった。何かに傷ついて、ふたたび引きこもることもあったし、親に八つ当たりすることもあった。しかし、息子は立ち直って、外に出ていった。決して諦めなかった。恵造は大きく構えて、その様子を見守っていた。そして息子は、自らの意志で通信制高校に入学して卒業した。私立大学の夜間の工学部に進学し、現在も大好きな通信工学の勉強を元気につづけている。

恵造自身の人生も大きく変わった。山崎房一氏が亡くなる少し前に、「あなたも教室を開いたらどうですか。私のノウハウを全部盗んでいきなさいよ」と恵造に勧めたことで、第二の人生が開けたのだ。

五十一歳のとき、今後の人生プランを考えるセミナーを受講して考えた末に、山崎房一氏を見習って、子どもの問題に悩んでいる父親や母親のために役立つ仕事を始めようと決心した。在職中からカウンセリングの勉強をはじめ、専門学校に通って資格を取った。その後も毎日のように、様々なカウンセリングセミナーに通い続けた。

五十五歳になって銀行を辞め、退職金をもとにして念願のカウンセリングルームを開設した。『ひだまり』という名前をつけたのは、父親の第二の人生を心から応援している息子であった。恵造は、ある雑誌に寄せた一文にこう書いている。

「子どもは親に対してさまざまな苦労をかけるが、それは親自身がわからない点を気付かせてくれるために、子ども自身がもっとも苦しみながら親に教えてくれているのだ。銀行員として本当に心休まる暇もなかった私を、息子が身体を張ってここまで導いてくれた。息子の指摘がなければ、私は鼻持ちならない人間として生き続けたはずだ。息子が自分の先生であったと心の底から断言できる」（「家庭内暴力一一〇番」）

▼ある少年のケース

『ひだまり』には、子どもからの相談も多い。親に連れられてくる子どもは一割にも満たないが、みずから連絡を取ってくる子どもが増えている。たいがいは、メディア情報で恵造の存在を知り、電話をかけてくる。

電話で話をするときは、親も感情的になって我を見失っているときが多いが、子どものほうも「このままでは危ない」と感じられるほど逆上している。なかには「いま、包丁で畳をギザギザに刻んでいるんです。親が帰ってきたら、殺してやるんです」という女の子もいた。恵造はできるだけ丁寧に対応して話を聞き、まずはそういう子どもを落ち着かせることに専念する。会ってからも、何時間でも必要なだけ話を聞き、とにかくできるかぎり鬱積しているものを吐き出させて、冷静になるのを辛抱強く待つ。対人恐怖や身体症状などが原因で本人がカウンセリングルームに来られないという場合は、恵造のほうから指定の場所に出向いていく。

ある日、北海道から十八歳の少年が電話をかけてきた。「親と話してほしいから、自宅まで来てほしい」と、その少年は懇願したので、恵造は二日間の予定で、北海道のある町まで行った。その少年、正夫（仮名）は、バス停まで恵造を迎えに来た。ぺこっと挨拶をしたが、ずっと顔をふせて、目を合わせないようにしていた。歩いているときも、帽子を目深にかぶって顔を隠していた。

正夫は、田園風景に囲まれた大きな屋敷に恵造を案内した。なかに入ると、ほとんど家中の硝子が割られ、家具は壊され、壁はへっこんだり穴が開いたりしていた。食器さえほとんどない状態だった。すべて正夫がやったという。彼の暴力に耐えかねた両親と妹は、別の家を借りて引っ越してしまい、彼だけが残されて一人暮らしをしていた。

正夫が荒れはじめたのは、高校一年生のときだったが、これにはあきらかな動機があった。同級生の不良グループにいじめられ、抵抗したとき、ナイフで腹を刺されたのである。救急車で病院に運ばれ、一週間も昏睡状態がつづいた。事件は新聞沙汰になり、地元では大騒ぎになった。

正夫の体は順調に回復したが、心の傷は深く残った。眠っているときでさえ、ナイフで刺されたときの記憶が生々しくよみがえり、ギャーと叫び声をあげて起きてしまう。そのうちに、壁を叩いたり蹴ったりするようになり、それを親に咎められると暴力を振るうようになった。事件以来、学校へは恐くて通えず、二年生のとき退学した。

その話を本人から聞いて、恵造はいたく少年に同情した。家族全員に集まってもらい、少年と両親の話し合いを取りもつことにした。父親は見るからにいらいらしていて、一刻も早く終わりにしたいという様子だった。母親と妹は小さくなって、じっと黙っていた。

父親と息子の言い合いが続いた。

「いま住んでいるところは、町役場で紹介してもらったところだから、いつまでも居られない。こっちに戻ってきたい。だけど、おまえが暴力をふるうんで、妻と娘がかわいそうだ」

「俺だって、あんな嫌な目にあったところに住んでいたくない。すぐにでも札幌に出たい。もうアパートも探しているんだ。でも、お金がないから、当座の生活費がほしい」

「札幌のアパートなんか、やくざや飲み屋の女が住んでいて、環境が悪い。おまえは、ますます自堕落になる。夜学でもいいから復学するとか、専門学校へ行くとか目的がなければダメだ。それがないんなら、お金は出せない」

この調子で延々とつづき、らちがあかなかった。どちらもすぐに感情的になり、一触即発の状態になるので、しばしば恵造は仲裁に入って両者を落ち着かせた。

約四時間後、正夫の怒りが頂点に達した。目つきが凄まじくなり、唇がぶるぶる振るえてきた。壁をこぶしで叩いて「殺してやるぞ!」と叫んだ。恵造は「もう終わりにしましょう」と、彼を外に連れだした。

庭先で話をはじめると、正夫は落ち着きを取り戻した。

「おわかりになったでしょう。でも、これでもマシなほうなんです。伊藤さんが来てくれたから、これだけ話し合いができたんです」

「君はあんなに怒っても、すぐにお父さんへ飛びかかって行かないね」

「でも、今まで、お父さんたちが住んでいるところへ包丁を持って、殺しに行きたいと思っていたんです」

「どうしたらそういう衝動を押さえられるの?」

「冷たい水を飲んだり、冷たいシャワーを浴びて、そのまま寝ちゃうんです」

恵造は、正夫が意外にしっかりしているので安心した。その晩は深夜まで、正夫の話を聞いた。父親への憎しみは、子どものときから積もりに積もっているようだった。

地元のエリートである父親は、長男の正夫に期待をかけ、勉強漬けにさせてきた。居間のちゃぶ台で正夫が勉強していると、父親は背後のソファに座り、テレビを見ながら、正夫を監視していた。夜十二時までその緊張状態がつづくのが普通だった。正夫が少しでもうとうとすると、父親は小突いたり蹴っ飛ばしたりした。その反面、長女にはことのほか甘く、猫っ可愛がりしていた。正夫はそれをいつでも羨ましく思っていた。

恵造に向かって正夫は泣き叫んだ。「もう家を出たら、二度と戻ってきたくない。居場所なんて絶対に知られたくないし、名前も変えちゃいたい」

翌日も家族全員そろって話し合いをしたが、父親はあいかわらず「勉強しろ、夜学に行け」の一点張りだった。それまで黙って聞いていた恵造はとうとう、「お父さん、勉強しろとか、夜学に行けとか、そういう段階じゃないですよ」とさえぎった。まず正夫にとっては、ナイフで刺されたときの心の傷を癒すことが先決だと恵造は父親に説明した。そしてそのためには、週一回程度カウンセリングを受けることが必要で、札幌に出るなら知り合いのカウンセラーを紹介するとも話した。

しかし、父親は納得しなかった。「やっぱり、勉強が先だ」と恵造の忠告を突っぱねた。結局、五時間も話をして、結論はぜんぜん出なかった。恵造はやむなく帰途についた。バス停まで見送りに来た正夫は、それでもいくらか晴れ晴れとした表情をしていた。

「君ぐらい冷静に対処できるなら、きっと突破口を見つけられるよ」と恵造は微笑んだ。正夫は、しっかりと恵造の目を見つめて、力強くうなずいた。

恵造は、こう語る。

「カウンセラーは人の人生を決める仕事ではありません。僕は鏡みたいなもので、クライアントは僕に映った自分の姿を見て、自分に気づいていけばいいんです。どんな大変な相談が来ても、僕は鏡でいられればいい。その人が気づくかどうか、変わるかどうかは、その人の人生です。僕は常に、そういう気持ちでいるんですよ」

正夫よりも彼の父親が、恵造という鏡に映った自分の姿を少しでも見たであろうか。子どもの問題を自分自身の問題として捉える気づきの小さな芽が父親に宿ったであろうか。私はそれを祈るばかりだ。

▼がんばりすぎた果てに

恵造の存在は、カウンセラーとしてだけではなく、子どもの問題に悩んでいる父親たちにとって生き方のモデルとなっているようだ。実際に自らカウンセラーをめざして資格を取ったという人もいる。遠方から『ひだまり』の父親教室に通いつづけ、自分と子どもの問題がある程度改善されたときに、地元で同じような父親のグループを立上げた人もいる。こういう中高年男性がどんどん登場して、それぞれ活躍していくことで、どれほど多くの悩める父親が救われるであろうか。悩める父親に対する受け皿がぜんぜんなかったこの社会で、それは大変意義あることである。父親が子どもの問題を自分の問題として引き受けていく気づきの場をもっともっと社会に根付かせていくべきだ。その中心になるのは、当事者性を持っている男性たちがいちばん良いだろう。彼らが自らの体験を赤裸々にさらけだしていくことによって、無関心な父親たちも触発され、自己変革を促されるにちがいない。

恵造の影響によってカウンセラーの資格を取ったという父親の一人、山本紳一郎（四十三歳）は、現在でも大手メーカーに勤務している。しかし、会社にはぜんぜん行っていない。二人の娘が登校拒否の真っ最中であるが、なんと彼自身も出社拒否の真っ最中なのである。

彼はその希有な境遇を思うぞんぶん楽しんでいる。今年で二年目に突入するが、会社の規定で「病気療養中」はある程度の生活費が保証されているので、今のところ経済的な心配はない。社宅にもしっかり住んでいる。

その間、カウンセリング学校に通って資格を取った他、娘たちが会員になっているフリースクール『東京シューレ』でボランティア活動もしてきた。一九九八年五月に東京シューレの関係者が『全国不登校新聞社』を設立し、不登校の子どもたちの声を広く知らせるために新聞発行を始めたので、紳一郎もさっそくボランティア・スタッフとして参加し、取材や編集や営業などで飛び回っている。子ども向けの野外活動を実践するＮＰＯの立上げにも、中心メンバーとしてかかわっている。だが、もちろん、出社拒否の最初からこれほどの「開き直り」があったわけではない。そこに至るまで、悲痛な体験、凄まじい葛藤を乗り越えてきたのである。

体格が良く、ハキハキとして、いかにも逞しい感じの紳一郎は、入社当時から期待を集め、華やかな国際部門からスタートした。会社説明会や新人研修会のときは、しばしば看板社員の「国際ビジネスマン」として担ぎ出されるほどだった。紳一郎自身も、周囲の期待に応えようとがんばった。月一回はかならず海外出張をこなすほど、精力的に働いた。

やがて、出張先のアフリカで、たまたま旅行に来ていた日本人女性と知り合い、帰国後もつきあい続けて結婚した。二人の娘が生まれた。本社の近くにマンションを購入した。公私ともに紳一郎の人生は、順風満帆だった。しかし、彼の内面には、少しずつ変化が訪れていた。

「まあ、がんばりすぎたんですね。もともと僕は、サラリーマン養成大学を卒業して、まわりに流されて就職してしまったんで、あんまり経済活動に興味がもてない方なんですよ。仕事自体はおもしろくなかったですね。でも僕は、周囲の評価を強烈に意識してしまうので、期待されるとがんばりすぎてしまうんです。完璧主義みたいなところがあって、ぜんぜんリラックスできずに、好きでもない仕事にずるずるとのめり込んでしまい、苦しくなってきたんです」

ついに限界が来た。もはや「精力的に仕事をこなす企業戦士」を演じる気力がなくなり、見るからに落ち込みが激しくなった。上司から「おまえは鬱病持ちか！」と叱られ、海外調達から国内調達の課に異動を命じられた。紳一郎はその屈辱感をばねにして、われに鞭打って再びがんばりはじめた。新しい上司に期待されているのも拍車をかけた。

二十代後半の彼が、仕入先の五十代の課長や部長をつかまえて、「なんだ、これは！」「こんな値段よくつけたな！」「一時間だけ待ってやるから、出直してこい！」などと怒鳴りつけるのが当たり前だった。同じ課の連中はみんなそれをやっていて、やらないとなめられると教えられていた。露骨にたきつける先輩もいた。

「僕は調子乗りのところがあって、もともとそんなのは嫌いなのに、人まねで内容も伴わないのにやっていたんです。最初はむしろ得意気で、家で会社の話をするときも、『今日は○○が来たけど、怒鳴ってやった』なんて威張っていましたね。でも、だんだん神経がすり減ってきて、なんというか自己矛盾を感じちゃって、仕事が心底嫌になってきたんです」

この頃から、会社を休みがちになった。心身共に疲れ果て、とにかく休みたいという一心だった。とうとう長期間の休暇を取るという決心をして、心療内科で診断書をもらい、上司の許可を得た。

妻のさゆり（四十三歳）は、当時をこう振り返る。

「本当に暗くて、もう、一週間床に寝っ放しで、開かずの扉みたいになってね。私が車を運転して病院に連れていったんですけど、なんて言うか、もう、ぼろぼろになってしまって、いや、大変でした。こんな人と結婚して失敗したとは思いましたけど、でも、私は結婚するまで温室でぬくぬく平々凡々という生活だったんで、この人と結婚して初めて、こう生きている実感というか、人生って大変っていうのを実感して…。そういう意味では、結婚してから私の人生が本当に始まったみたいな感覚でしたね」

医師の的確なアドバイスと妻の熱心な介護によって、紳一郎は順調に回復し、半年後に会社に復帰した。久しぶりの職場は新鮮に感じられ、意外にも仕事がすらすらはかどった。自分が「バージョンアップしたような気分」だった。もっとも調子が良いときと同様に、華やかな国際部門で完全復活を遂げたいと思い、上司に希望を受け入れてもらった。

二年後にフィリピン駐在の話を持ちかけられ、即決で了解した。食事のときに家族に話すと、「よかったじゃん」と喜んでくれた。単身赴任ではなく、一家でフィリピンに移り住むことになった。しかし、新天地になるはずのフィリピンに移ってから、不運にも、ふたたび雲行きが怪しくなってきた。

当初、紳一郎は現地の社長に見込まれ、その期待に応えようとがんばった。しかし、がんばればがんばるほど、仕事の方針で社長と衝突するようになった。たとえば、その頃、フィリピンの景気は悪化していたので、仕入先が値上げを要求してきた。正当な理由のある値上げを認めるのは日本の本社では常識だったので、紳一郎は同意し、現地の社長も承諾した。

しかし、紳一郎が仕入先に通達をした後に、社長が「なに甘えたことを言ってるんだ」とひっくり返した。紳一郎は不満を募らせて本社に直訴したが、本社はなんの援助もしてくれなかった。結局、紳一郎の全責任であるかのように扱われた。

こういうことが度重なって、紳一郎はフィリピンでの仕事に嫌気がさしてきた。マニラの繁華街で朝までやけ酒を飲むことが多くなった。そしてふたたび、出社拒否を繰り返すようになった。家では妻や子どもに当たり散らし、家庭の雰囲気は最悪だった。紳一郎に巻き込まれる形で妻と子どもは新天地に失望し、日本に帰りたがった。

「このときだけではなくて会社人間をしていたときは、会社生活の延長線上で家族との接し方が良くなったり悪くなったりしていたんですよ。会社で良いことがあると家族にも機嫌良く接するし、逆に会社で嫌なことがあると家族に八つ当たりするというふうで、家族を会社に相対させていたんです。家族は『絶対的に大切なもの』という自覚がなかったんですね」

▼子どもたちの異変

「問題社員」である彼は石もて追われるがごとく帰国した。本社から離れることになり、社宅に住み始めた。単身赴任ではなく一家で引っ越した。紳一郎は再出発して復活をアピールしたいという気持ちから、またしてもがんばりはじめた。が、今度は紳一郎ではなく、子どもたちに異変が起こった。

小学校二年生の長女が、「おなかが痛い」と言って、ちょくちょく学校を休むようになり、ついにぜんぜん行かなくなった。そのとき紳一郎は、「フィリピンからの急な帰国、転校、環境の激変など、いろいろあって疲れたんだろう。大人の俺でも疲れたのに、まして小さな女の子なら仕方ない」と思った。しかし、いつまで経っても、長女はさっぱり登校する気配を見せなかった。三年生に進学しても同様だった。そのうちに次女が、小学校入学後の二カ月目から学校に行かなくなった。

紳一郎はさすがに気をもんでいたが、子どものことは妻にすべて任せきりだった。教師との連絡、学校に勧められて長女が通った児童相談所のカウンセラーとの話、心療小児科への相談など、紳一郎はぜんぜん関わろうとしなかった。

「自分の仕事、出世、仕事上での人脈づくりなどのことで頭が一杯だったので、子どものことに時間をとられている余裕はなかったんです。妻の報告をいちおう聞くふりはするんですが、ほとんど左の耳から入って右の耳から抜けていくという有様でした。それから僕は、世間体ということを非常に気にする男だったので、長女が三年生になってからは『学校にも行けない奴はクズだ。一体そんなことで将来どうするつもりなんだ！』と責め立てたり、ののしったり、つらくあたっていました」

しかし二人の娘の問題よりも、父親自身のほうにまたもや問題が生まれた。だんだんと仕事に対してノイローゼ気味になり、仕事のことが頭から離れず不眠になった。朝は「世界中の不幸を一身に背負ったようなひどい気分」に襲われた。仕事を終えた後は、死にたくなるほど疲れきった。毎晩のように泥酔して現実逃避を繰り返した。酔っ払った末にけんかをしたり、悪質なクラブで大金をぼられることもあった。

そのうちに出社拒否が再発した。精神科で自立神経失調症と診断され、長期間の休暇が認められた。しかし、そうなったらそうなったで、働いていないのに生活費、住居などを会社から保証されていることに罪悪感を覚え、自分を責め続けて症状をますます悪化させた。

▼父親教室から父親革命へ

しかし、その一方で、必然的に家の中で子どもたちといっしょにいる時間が長くなった。毎朝、ＮＨＫの連続ドラマを見ながら、家族全員で朝食をとるのが日課になった。それはこれまでにない経験だった。紳一郎はその短い間だけでも気分が晴れて、家族といっしょに笑うのが楽しみだった。

娘たちは紳一郎がどれほど落ち込んでいても、「お父さん、お父さん」と慕ってきた。紳一郎にとって、なによりの救いだった。登校拒否を責め続け、相当につらい思いをさせてきたので、「お父さんこそ会社に行かなくてずるい」といくら責め返されても仕方ないと思っていたが、娘たちは一言もそんなことを言わなかった。

当初は「どうしてこんな無責任で情けない俺を慕い続けてくれるのだろう?」と戸惑った。「国際ビジネスマンのかっこいい父親じゃなきゃ、子どもにも好かれるはずがないのに……」。

そういう状態が約二カ月つづいた。娘たちはあいかわらず、「お父さん、お父さん」と慕ってきて、紳一郎が家にいることを喜んでいた。自分が出社拒否をくりかえしているのを棚上げして、不登校の娘たちを責めてきたことが、なんとも身勝手に思えてきた。「本当につらい思いをさせてしまったね、ごめんね」と、愛しい気持ちで胸が一杯になった。

「子どもたちにとっては、仕事をバリバリこなしていようが、出社拒否で家でめげていようが、そんなことはまったく関係なく、良くも悪くも『お父さんはお父さんでしかない』という気持ちを持ってくれていることに気づいたんです。『ありのままの俺でいいんだ』という実感を持つことができたんですね。子どもたちの気持ちこそ、無償の愛っていうんじゃないでしょうか。無償の愛というと、親から子に与えるものと決まっているようですが、わが家の場合は、子どもたちから僕がもらい続けていたんです」

紳一郎は、少しずつ元気を取り戻していった。しかし以前のように、すぐに会社に復帰することはしなかった。「いったい自分は何がしたいのか。一度自分をじっくり見つめてみよう」と思ったのだ。最初に足を運んだのは、娘たちが会員になったフリースクール『東京シューレ』だった。妻が月一度ボランティアに通っていたので、ちょっと覗いてみようという気軽な気持ちだった。すると、気づいたら自分がボランティアの常連になっているほど、その場がとても気に入った。子どもの居場所のはずが、いつのまにか父親の居場所になっていた。

「そこで出会う人たちが新鮮で、面白くて面白くて。企業社会とはまったく違う価値観やライフスタイルで生きている人たちにたくさん出会って、『いろいろな生き方があっていいんだな』と実感したんですね。会社しか知らない自分の狭量さを客観的に見ることができるようになって、すごく気持ちが楽になっていったんです。『俺にも本来の自分にあった生き方があるのかもしれないな』と思ったんですよ」

そんなとき、伊藤恵造に出会った。不登校児の親の会で講師として招き、講演を聞いたのが最初だった。

「子どもの問題をきっかけに、企業戦士としての自分自身の価値観を問い直して、生き方を変えた伊藤さんに、とても共感したし、憧れさえ抱きましたね。自分探しといっても、『いい歳をして…』というためらいがあったんですけど、伊藤さんの話を聞いて、『遅いなんてことはぜんぜんない、これからだ』と勇気づけられたんです」

彼は恵造に続けとばかりに、カウンセリングの専門学校に通って試験を受け、カウンセラーの資格を取った。まだ具体的には仕事を始めていないが、いずれその資格を役立てるつもりだ。もちろん、悩める、迷える父親たちのために。

妻も紳一郎の「自分探し」を温かく見守っている。「お父さんさえ毎日機嫌よくすごしてくれたら何も心配ないの」という妻の言葉を心の糧にしている。休職期間のリミットが着々と近づいている今、紳一郎はこう語る。

「いったんは会社に戻るでしょうけど、かつてのように華やかな国際ビジネスマンを演じることはもうないでしょう。休職中に学んできたこと、築いてきたことは、絶対に守っていきますよ。それに社内にも、がちがちの価値観の中で、かつての僕みたいに苦しんでいる人間はたくさんいるでしょうから、彼らをサポートする役目を少しでもしていきたいと思っているんです。これからの時代、会社もそういう人材を必要としていくんじゃないでしょうか。だから僕は、時期を見計らって、会社に自分を売り込みにいこうと思っているくらいなんですよ（笑）」

最近は、不登校問題の講演会やシンポジウムなどで積極的に自分の経験を語るようになった。彼のように会社員でありながらそういう活動をおおやけにしている男性は希少なので、マスコミの取材がときどき来る。仮名を使わず、顔も出して、彼は新聞やテレビや雑誌に登場している。会社に知られるのも厭わなくなった。自分を偽って生きるよりありのままの自分をさらけ出して生きよう、少しでも多くの父親に等身大のメッセージを送っていこうと決心したからだ。関心を持つのは圧倒的に女性が多いが、ぽつぽつと男性からも「大切なことに気づかされた」という好意的な感想が寄せられるようになった。

伊藤恵造から山本紳一郎へ、山本紳一郎から新しい父親へ、そして彼からまた新しい父親へと、自己変革の連鎖反応がえんえんと続いていくのを私は期待せずにはいられない。今はほんとうに小さな芽である。しかし子どもたちのためにも、父親たちの変革の芽を決して潰してはいけない。そういう父親たちの活動に社会全体が理解を示して、いつの日か大輪を咲かせるまでに発展させていかなければと思う。「父親教室」から「父親革命」へ。その第一歩は始まっている。

【第2章】ドメスティック・バイオレンス

逃げたいのに逃げられない

▼日本社会に巣くうDV

「ドメスティック・バイオレンス（DV）」という言葉はここ数年でかなり定着した。直訳すれば「家庭内暴力」である。日本では長らくこの問題を親に対する子どもの暴力として捉えてきた。前章でも取り上げたように、それはそれで非常に重大な問題である。しかし家庭内の暴力で圧倒的に多くて被害が大きいのは、妻に対する夫の暴力、そして子どもに対する父親の暴力である。これらが真っ先に問題視されず、子どもが暴力をふるうときだけ大騒ぎするのは、不条理な現象ではないだろうか。家制度という伝統の中では、家父長という「権威」にあぐらをかいていれば、暴力さえも「教育」とか「しつけ」になり、それこそが家父長が持つべき「男らしさ」の象徴とされてきたのだ。暴力をふるわれた妻や子どもはそのもとで泣き寝入りするしかなかったのだ。

その状況はいまでも変わっていないという事実はさまざまな調査で明らかになっている。たとえば、東京都が一九九七年に行なった『女性に対する暴力』調査報告書によると、殴る蹴るなどの身体的暴力の被害経験者は三三％、性行為の強要や避妊に協力しないなどの性的暴力は二〇・九％、「だれのおかげで食べられるんだ」という恫喝、行動の監視、大切な物を壊すなどの精神的暴力は五五・九％である。そのうち「何度もあった」とする人の割合は、各々約二、三割である。「子どもへの暴力もあった」とする人は、六四・四％である。また、総理府が一九九九年に実施した全国規模の調査では、なんと二十人に一人の女性が、「生命の危機を感じるぐらいの暴力を夫から受けたことがある」と回答しているのだ。

東京都の調査報告書には暴力被害の実例も詳述されている。主な部分を抜粋しよう。

「私がお米を買い忘れたと怒って、私の髪をつかんでトイレのドアにたたきつけた。首を絞める。怒鳴り声で食器がビリビリ共鳴する。寝ていても布団をめくって蹴ってくる。耳が聞こえなくなり、精神科を受診した」

「夫はずっとテレビをみている。土日のテレビは夫が占領している。住んでいる環境が良くなかったので、私が『引っ越したい』と言ったら、『おまえなんか出ていけ』と言って洋服を引っ張って破り、部屋から廊下、玄関へ引っ張られた。どんなことをしても抵抗できないとわかった。責められたときに弱い立場にならないよう、食事・家事だけは一所懸命やった」

「子どもと出かけて夜十時過ぎに帰ったら、突然げんこつで殴り、壁にたたきつけられた。子どもがいる前で、顔・腹部を集中的に三十分ぐらい殴られた。口の中が切れて、歯が折れた。外に出られないくらいに顔が腫れた。私はすごく冷静だった。いつかはこうなると思っていた。やっぱりね。殴って気が済むんなら、すれば。軽蔑するだけ。子どもの前ではとりつくろっていたのに、今までの努力が無になったと思った。ふっきれた」

「夜中十二時ごろに、酒を飲んでいた夫にいきなり蹴られた。頭から始まって、腰、背中、脚と蹴られ、途中で失神した。二時間ほどして目を覚ましたが、動けなかった。警察に知らせると言うと、髪をわしづかみにして頭を振り回され気絶した。目を覚まし、階段から落ちたことにするから、救急車を呼んでほしいと夫に頼んだ。約一カ月間入院した。医者には夫の暴力とは言えなかった。夫は毎日様子をみにきたが、怖かった。このままだと殺されると思い、翌日、遺言状だけは書いておきたいと思って弁護士に電話した。憎い。かわいそうな人だと思った。飛行機に乗ると落ちればいいとか、この人が死ぬしか逃げられないとか思うようになった」

「口げんかした後、セックスをしないと言って、髪をひっぱったり、羽交いじめされた。レイプと同じだと思う。死ぬかと思った。誰かに助けてもらいたいと…。怖い。こんな人はどうしようもない。子どもをどうしようかと悩んでいる」

「夜十二時過ぎに酔って帰ってきた夫に、『おかえりなさい』と言ったところ、その言い方が気に入らないのか、哺乳ビンを取り上げて頭を殴った。ビンが粉々に砕け、ガラスの破片を全身に浴びた。そのとき、蹴ったり殴ったりされたかもしれないが、よく覚えていない。

おぜんをひっくり返したり、タンスにも何かをぶつけたようだ。許せない。わだかまりが残った。恐怖感。自分がそういうことになったこと自体信じられなかった。信頼感がなくなった」

「夫が常々感じていた仕事のストレスを爆発させて暴力をふるった。頭、顔、背中、腰、足など全身を殴る蹴る、髪をつかんでひきずりまわす、ふりまわすなどの暴力をふるわれた。気絶してしまったり、骨折したりして緊急入院もした。家具など壊す、人前で侮辱して恥をかかせるなども数多くあった。ひどい暴力をふるわれるたびに、訴えよう・別れようと思ったが、『普段はとてもよい人だから』と思って我慢してしまった。暴力をふるわれて感情が凍りついてしまったような感じだった。夫は自分が我慢をすることをちゃんと知っていて、暴力をふるっていた。『おまえが悪いことをしたのだから、痛い目にあわせないといけない』『世間のことをわからせてやる』などと言っていた。夫の両親も暴力をふるう人たちだったようだ」

「数え切れないほどの暴言、暴力の毎日だった。ナイフで脅されたり、意識を失うほど突き飛ばされたりした。自衛のために私も包丁を持ち出したこともある。医者に行っても『夫の暴力』とは恥ずかしくて言えなかった。夫は他人に私をひどく中傷するようなことを言いふらし続けていた。暴力をふるう理由は特にない。単に未成熟でわがままな人。夫は複雑な家庭で育ったようだ。外ではとてもいい人と思われている。私の実家も、父が母に暴力をふるっていたので、暴力をふるう男性だけはイヤだと思っていたのに、こんなことになってしまった」

「普段も外出を制限したり禁止したりする。怒鳴って脅したり、殴る蹴る、髪をつかんで引きずり回す、首を絞める、包丁や棒で脅す、ものを投げつける、土下座させて謝らせるなどする。あざや骨折もしょっちゅう。自分の大切な思い出のあるもの（アルバムなど）は、すべて壊されたり焼かれたりした。泣いたり抵抗したりすると、よけいにエスカレートするので、必死でがまんしていた。暴力をふるい出すきっかけや理由は、例えば、仕事のことなどでストレスが爆発したときや、私と他の男性の関係を勝手に疑ったり、電話で友人と話しているのを『自分の悪口を言っている』と誤解したりすることなど。夫は極端に自分を支配し、独占したがる人。夫が親から虐待されてきたことも暴力をふるう原因かもしれない。自分が夫以外の人（もの）に関心を向けることをいやがる。私の心情としては、夫を怒らせたら殺されると思っていた。『夫を殺してやる』と考えることでわずかに救われていた。『殺すなら殺せ』『逃げるには死ぬしかない』と思いつめた。感情が凍りついてしまったようで、逃げ出そうと思ったことはあまりなかった。いつかはよくなると思って相手に期待していたのかもしれない」

子どもへの暴力の実態やその悪影響も、母親を通じて報告されている。「子どもは早くから心を閉ざし、学校にもいかず『死にたい』などと言うようになってしまった」「思春期に入って非行に走るようになってしまった」などの深刻なケースが多い。

このような惨状がいまだに野放しになっているのが、われわれが住む日本社会なのである。

▼シェルター

しかし、良い兆しもある。ここ数年はマスコミが盛んに妻や恋人に対する男性の暴力を「ドメスティック・バイオレンス（DV）」として取り上げるようになった。ようやく社会問題として注目されるようになったのである。（子どもに対する親の暴力も問題視されているが、この場合は父親よりも母親の幼児虐待が主にクローズアップされている）。

DVの被害女性に対するサポート活動も紹介されることが多くなったので、広く認知されてきているようだ。すでに「シェルター」という言葉を知っている人も多いことだろう。一般的には、核兵器の被害から身を守るための施設として知られているが、実はこの言葉は、夫や恋人の暴力から逃れてきた女性のための避難所という意味でも使われている。現在、全国に二十数カ所あり、年々増加している。そのすべてが女性を中心とした民間の非営利団体によって運営されている。全国各地のシェルターには、前例のような深刻なDV被害に直面している女性たちがぞくぞくと逃げ込んできている。そのひとつである『AWSシェルター』(ABUSED WOMEN'S SHELTER、元『AKKシェルター』)の運営委員・野本律子(五十一歳)はこう語る。

「私たちのシェルターは一軒家で四部屋あるんですけど、空いているときはありません。六年前に始めたときは年齢層が高かったんですけど、ここ数年は三十代始めくらいの若い人で子連れの人が多くなってきています。子連れで家出するのはすごくエネルギーがいることなので、ほんとうに切羽詰って、これ以上いたら殺されると思って逃げてくる人がほとんどです」

シェルターの所在は関係者以外には、絶対に明かさない(別の場所にある事務局が窓口になっている)。妻を追いかけてくる夫が多いからである。なかには、興信所を使って探し出そうとする人もいる。もし見つかって乗り込まれた場合は、シェルターはまったく「安心できる場」ではなくなり、一時的にも閉鎖せざるを得なくなる危険性がある。

シェルターへの入居経路は、福祉事務所、保健所、病院、相談機関、自助グループなどの紹介の他に、近年は、マスコミがDVを大きく扱うことが多いので、その中でシェルターの情報を得て連絡をしてくる人が増えている。「シェルターづくりのために資金を集めて準備している」という内容の新聞記事を切り抜いて財布の隅に入れておき、『AWSシェルター』の開設と同時に逃げてきた人もいる。

家出の前に連絡を受ければ、律子たちは、逃げるための準備を教える。当人名義の口座を新しく作って預金を移しておく、通学路で夫に待ち伏せされることがないように子どもに別の通学路を教えておくなどなど。しかし実際には、ほとんど無一文で逃げてくる人が大半である。生活保護や児童扶養手当などが受けられるように働きかけていくのも、律子たちの重要な活動のひとつである。

「私たちは、逃げてくる女性たちがとにかく安心して休んで、気持ちを整えることができる環境をつくるために努力しています。肉体的にも精神的にも痛んでいて、混乱して、生きる気力も失せている人たちなので、なによりも休むことが必要なんです」

律子たちはシェルターの次段階として「ステップハウス」という施設も設けている。近年は夫のもとに戻る人が少なくなり、ステップハウスに入居する女性が増えている。ここに滞在している間に、仕事や住まいを探したり職業訓練校に通ったりと、新しい生活の準備を整えるのだ。

ステップハウスを出たあとに夫と離婚して自立するまで、律子たちは熱心なボランティアの支援を惜しまない。被害者の女性たちにとって、どれほど心強いことであろうか。このサポート精神は当然、DV被害者の痛みを自分の痛みとして感じられるからこそ持ちうるものであるにちがいない。それは自らの経験に裏打ちされた確かなものだ。実際、律子も含めて、運営委員の半分以上は、DV被害の経験を乗り越えてきた人たちである。

▼なぜ逃げられない？

「今だからこそ、DVという問題が広まり、『誰かに相談してもいいことなんだ、助けを求めてもいいことなんだ』と認識する人たちが増えてきてはいますけど、まだまだ夫から暴力をふるわれてもじっと我慢して、孤独に悩んでいる女性のほうが圧倒的に多いと思います。私自身もかつてその状態に陥っていましたから、その気持ちがよくわかるんです。この問題は密室で起きることですから、なかなか外にはわからないし、たとえ外に訴えたとしても理解されないことが多いんです」

たしかにこの問題は、一筋縄ではいかないようだ。

まず被害者の心理の問題がある。ほとんどの人は当初、夫の暴力を誰にも相談できない。ましてや、逃げることなどなかなか考えつかない。十年以上も耐えていたというケースは珍しくない。その要因には、世間体、第三者に打ち明けたのを夫に知られたら暴力がエスカレートするのではないかという恐怖心、逃げた後の経済的自立の不安、子どもへの悪影響の心配などがある。また、長期間の暴力や家庭内監禁のために深刻な精神症状を抱えていたり、逃げるエネルギーさえ奪われている無気力状態にいる人も少なくない。

そしてさらに、律子によれば、次のような被害者の心理的理由もあるらしい。

「女性が男性の情緒的ケアを当然負うべきであって、男の機嫌を悪くさせる女なんて最低というのがあると思うんです。それが刷り込まれているものだから、夫から殴られても無意識に、『自分がいたらないから彼を怒らせてしまうんだな』と自分を責めてしまうんです。『私のことを真剣に思ってくれるから、彼は暴力をふるうんだ』と解釈してしまう場合もあります。いずれにしろ、そういう意識がある以上、夫から離れることはできないし、いったん離れたとしても戻ってしまうことが多いんです」

また、DVの被害経験があり、律子といっしょに『AWSシェルター』の運営委員を勤めているある女性はこう言う。

「帰りが遅くなるくらいで怒られて、殴られたりしているわけですから、なにが暴力の原因になるかわからないんです。だから、いつもびくびくして、ほんとに身を慎んで、きちんとしていなくっちゃとなるんです。誘いなども断るようになりますから、妻の人間関係はだんだんなくなっていき、孤立していきます。夫しかいなくなってしまうんです。その状態で夫に怒られれば、見捨てられるのが恐くて、『私の努力が足りないからいけないんだ』と自責の念にかられてしまいます。暴力を振るわれ続けていると、自尊心が深く傷つき、自己評価がすごく下がってきますから、『外で受け入れてもらえないんじゃないか』『やっぱり私は彼しかいないんじゃないか』と思ってしまうんです」

外からみれば理解の範囲を越えている心理状態かもしれない。そのために「逃げない女にも落ち度がある」という冷淡な言い方をする人が多い。しかし、親密な関係での暴力、密室での暴力に対して孤独に悩んでいるうちに、どのように極端な心理状態に陥ったとしても無理はないし、それを「落ち度」と捉えるのは偏見の極みである。被害者の心をさらに傷つけ、自責の念を深め、暴力を告白できない状態にますます追い詰めてしまう。そして、加害者の責任を被害者に転嫁することにもつながる。

しかしそれにしても、律子たちの話を聞いていて、私は改めて痛感した。被害者の女性たちが自分の受けている行為をDVだと認識し、人権を侵されたことに怒りをもち、裁判をも辞さない覚悟で外に訴えるまでに至るのは、ほんとうに至難の業なのだと。近年は、三十代でシェルターに逃げてきて、夫のもとに戻らずに離婚する人が増えているという事実から推測して、若い世代を中心に「たとえ夫であっても、暴力は絶対に許さない」という人権意識が高まってきているのはまちがいないと思う。しかし、やはり先のような心理に支配されて沈黙している女性のほうが圧倒的多数派であろう。さらに問題なのは、たとえ勇気を出して外に訴えたとしても、周囲になかなか理解されない、助けを得られないという現状があることだ。

野本律子はこう指摘する。

「誰かに相談したり逃げたりしたときに、最初の言葉がすごく大事なんです。『そりゃ、あなたが悪いんじゃない』『夫をうまくコントロールできていなかったんじゃない』などと言われてしまい、二度と助けを求めなくなってしまう人がいます。傷ついているのに、余計に傷ついてしまうんです。『よく逃げてきたね』と言われれば、『あっ、受け入れてもらった』となるんですけど、逆に怒られる場合のほうが多いですね」

付け加えて言うと、警察の対応もそうとうに劣悪である。被害者が必死に訴えても、家庭内のこと、夫婦間のことは「民事不介入」を理由にほとんど加害者を取り締まることなく、悪質なＤＶでも放置している。たとえ被害者がシェルターなどへ逃げ込んだとしても、加害者が拘禁されないので、被害者の安全は脅かされ続けているのである。実際、居場所が知られるので職場に行けない、子どもが学校に通えない、健康保険証が使えないなどの支障が出てくる。

先進諸国ではDVに対する禁止法があり、身体的暴力をともなうDVは犯罪であり、警察は積極的に家庭内に介入し、加害者を逮捕するのが常識である。また、再犯を防ぐために、加害者に対してカウンセリングを義務づけたり、調査員が家庭訪問をして妻や子どもに聞き取り調査を行うなどの取り組みもしている。日本のDV対策とは雲泥の差である。

個々人の認識から警察のあり方まで、この問題については根本的に改めていく必要性にいま直面しているわけだが、それに先んじてシェルター運営などの地道な活動があったことは決して忘れてはならない。これこそは少しも大袈裟ではなく、ないない尽くしの日本において誇るべきことである。そしてそのずっと以前、まだDVという言葉さえまるで知られていなかった頃に、暴力から逃れて立ち直っていった個々人の歩みも、今だからこそ貴重な体験談として傾聴するべきであると思う。そこから生まれるメッセージは「逃げられない女性たち」にとって必要不可欠なのではないだろうか。

▼「みんなの前で恥をかかされた」

野本律子が前夫と出会ったのは学生時代、「一途なところが、あなたにそっくりな男がいるのよ。今度会わせるからね」と友人に紹介されたのが最初だった。一歳年上の彼は、七十年闘争に明け暮れている学生運動家だった。専門学校生で児童文学研究会に所属していた律子はそれほど政治運動に興味はなかったが、当時の風潮のなかで、ときどきデモなどに参加していた。ベ平連が新宿で大規模なデモをおこなったとき、律子も友人と参加して彼と会った。

「第一印象は、すごく懐かしい感じがして、違和感がなかったんです。九州出身のサムライ顔で、汚い袴をはかせたらよく似合いそうな、明治維新の志士のような雰囲気にも魅かれたんですね」

飯田橋付近でデモ隊が機動隊と衝突して、若者が次々と逮捕された。大混乱の中から律子と彼は必死に逃げ出し、途中で離れ離れになった。安全な場所にたどり着いたとき、律子は、「彼はどうしたんだろう」と心配になった。そして、彼のことばかり気にしている自分が不思議だった。卒業後、公務員になった律子は、児童館で働きはじめた。アルバイトが必要になると、まだ学生だった彼に声をかけて仕事を回した。夏休みに友人と彼のアパートに遊びに行った。夜通し話をして、朝方に律子は、ひどい胃痙攣を起こした。少しでも動くと吐き気がくるという状態だった。彼が親身に介護をしてくれて、そのまま一週間、彼の部屋に滞在した。その間に初めて互いの気持ちを伝えあい、その年の冬には、彼のアパートで同棲をはじめた。

「当時『神田川』という歌が流行っていたんですけど、あの世界そのものという生活でした。神田川ではないですけど、その支流の川がアパートの前を流れていましたしね（笑）。六畳一間の部屋に私が土鍋ひとつを持っていって、いっしょに暮らし始めたんです。貧乏だったけど、すごく幸せでした。私は彼のいい面ばかり見ていて感激していました」

彼はとにかく世話好きで優しかった。とくに料理の腕前はプロ並みで、手の込んだ美味しい食事を律子のために作った。そして律子の耳を掘ったり、髪の毛や爪を切ったり、眉や襟足を剃ったりするのも彼の役目だった。しかもただ爪を切ったり眉を剃ったりするのではなく、細かく形を気にして器用にやるのが彼の優しさだった。

しかし同棲を始めて二年目の頃に、彼の素振りに変化があらわれた。

ある日、律子は、仕事帰りに彼と待ち合わせた。たまたま夕方から緊急の打ち合わせが入り、事前に「ちょっと遅くなる」と彼に連絡をした。終了後に急いで待ち合わせ場所の駅に向かい、結局五分ほど遅れたが、彼の姿はなかった。「遅くなると言ったから、どこかで時間を潰しているんだろうな」と思い、そのまま待ち続けた。まだ学生だった彼は、時間に関しては無頓着だったので、律子はぜんぜん心配していなかった。

しかし一時間待っても、彼は来なかった。仕方なしに帰ると、彼は家にいた。律子の姿を見ると、大変な剣幕で怒りはじめ、遅刻したことを矢継ぎ早に罵られた。そんな彼を見るのは初めてだった。「なんで怒られなきゃならないの」と律子も腹を立て、「すごく変だな、この人」と彼を不審に思った。

それから間もなく、彼の暴力性があらわになった。

児童館の休館日に律子は、大学近辺にある溜まり場の喫茶店に彼と行き、仲間と談笑していた。ふと、来店した男性に目をとめると、親しくしていた保育ボランティアの学生だった。「あっ、彼だ」と思って立ち上がり、「こんちには」と声をかけ、少しだけ雑談をした。

実はその学生は、年上の律子に片思いをしていた。律子は同棲中の恋人がいることを相手に伝えたうえで、友達として付き合っていた。まだ結婚前だったので、それほど恋人に気兼ねはなかったし、その学生のことはきちんと知らせていた。

しかしその晩、家に帰ると、学生と話したことに彼が激怒し、律子の頬を平手打ちした。「みんなの前で恥をかかされた」というのが理由だった。

「彼のことがわからなくなりました。その前は彼もきどっていたと思うんです。二年間くらいなら、なんとか取り繕えますよ。でも最初に殴られたときに私は、私を愛しているから殴ったと勘違いしてしまったんです。すごく悪いことをしたような気がして、『結婚したほうがいいな』と思って、同棲から結婚に切り替えたんです」

入籍した頃、律子は妊娠した。夫は大学卒業後、きちんと就職した。そのまま順調に「幸せな家庭」を築いていくことが律子の夢だった。

ところが、思わぬことでつまずいた。夫は毎晩のように泥酔して帰ってきた。営業職だったので接待が多かったのだが、理由はそれだけではなさそうだった。ある晩、夫の帰宅が遅いので律子が心配していると、明け方に警察から連絡があり、「ご主人を引き取りに来てください」と言われた。夫は駅前で子ども用の自転車を盗難して警官に見つかり、事情聴取されているということだった。大きなお腹を抱えながら律子は交番に行き、酔い潰れた夫を連れ帰った。

その後も酒のトラブルは続いた。夫が警察に捕まると、かならず律子に呼び出しがあった。妊娠中の彼女にとっては、精神的にも肉体的にもリラックスしていなければならない時期であるのに、夫はまったく理解を示さなかった。毎晩びくびくしながら、律子は夫の遅い帰宅を待っていた。

出産後も、その状況はぜんぜん変わらなかった。夫は育児にも家事にもまったくかかわらず、毎晩のように飲み歩いていた。とうとう酒のトラブルが仕事上でも続くようになったが、いっこうに酒をひかえる気配はなかった。娘が三歳のとき、夫はまたしても真夜中に不審尋問を受け、「迎えにきてほしい」と警察から連絡が入った。娘一人で寝かせておくのは心配だったので、律子は迎えに行くかどうか迷いに迷ったが、結局、タクシーを飛ばして警察に行った。

帰宅したとき、娘はわんわん泣いていた。夫は娘のほうを見向きもせずに寝床に入り、いびきを立てて眠った。娘をあやしながら、律子は罪悪感にかられた。幸せな家庭を築くという夢がどんどん遠ざかっていくようだった。

「子育てをしていく中で、夫婦の間にズレが出てきたんです。私の関心は夫よりも子どもへ向いていったから、夫は不満だったんでしょう。問題を起こして、私の気を引こうとしていたのかもしれません。でも、夫の相手をする余裕なんてまったくありませんでした。私は、離乳食なんかも最高のものを買いに行ったりして、目一杯に娘の世話に集中していましたから。夫を手伝わせなかった部分もあるにはあったんです。夫を説得して動かすのが面倒くさかったんです。あの頃は、なんでも全部一人でがんばろうと思っていました」

律子が復職すると、夫は飲みに行く理由として、「家が汚いから帰るのが嫌で、友人と酒を飲んでいた」「おまえの料理はおいしくないからうまいつまみで飲みたい」などと言い出した。

律子はたしかに、家事を怠っていた。むしろ外で働くのが好きで、子どもを保育園に入れて復職し、仕事と育児を懸命に両立させていた。そんな中で唯一手抜きができるのは家事だけだった。それを夫に、何の協力もしないのを棚上げにしてねちねちと責められ、しかも飲みに行く理由にされたのでは、たまったものではなかった。しかし律子は後ろめたくなるだけで、夫に不満をぶつけることはなかった。

数年後に夫は、「退職して他の仕事に就きたい」と会社を辞めた。人間関係がうまくいかず、それに疲れた様子だった。専門学校に通い、卒業をして資格を取ったが、仕事には就かず、家にこもるようになった。その代わりに、もともとプロ並みに得意だった料理を夫が担当することになった。

当初、律子は、その状態を心地よく感じた。夫が仕事先の人たちと飲みに行かなくなったので清々したし、料理の負担から解放されたのも嬉しかった。経済的な心配はなかった。贅沢をしなければ、律子の収入だけで暮らしていくことができた。

「夫はもともと、私にはない豊かなものを持っていたんですね。子ども時代に学校をさぼって、海や山に行って、貝や山菜を取って食べたり、一日中好きな本を読んでいたり、そういう中で養った感性というか、ゆとりを持っていた人なんです。たとえば、料理なんかでも、夫はベランダにある笹の葉を取ってきて、さっと器に敷いて、そこにぽんと食べ物を置いて、『さあ、どうぞ』と出すんです。それは美しいものなんです。私は時間をかければ美味しい料理はできるかもしれないけど、そこに葉っぱを添えるセンスはない。夫はそれが自然にできるんです。だから彼が仕事を辞めたとき、『私が働くからいいよ。あんたは家庭のそういう部分を受け持ってよ』という思いが私の中にあったんですね」

その期待に応えるかのように、夫は家庭料理に腕をふるった。ご馳走を作っては、近所の人を招待するのが好きだった。「すごくおいしいね」と言われるのを期待しているようだった。一所懸命に給仕をする夫の様子にもみんな感心した。「いいご主人ね」と言われると、律子は「はい」と素直に答えた。しかし食後に話をする時間になると、夫の出番はなくなってしまった。お客さんの話し相手を得意にしているのは律子のほうで、夫は輪に入らず、台所にぽつんと残って酒を飲んでいることが多かった。

デザートが出てくれば、夫はふたたび注目された。いつでも手の込んだデザートだった。皿も凝っていた。果物などは皮を美しい形に切って皿との調和が出るように飾りつけてあった。「わー、きれい」「すごい、こんなことできるんだ」とみんな誉めたたえた。しかし食べてしまえば、話題は他に移り、夫はまた台所に引きこもった。

「夫はほんとは輪に入りたかったし、中心にいたかったはずなんですけど、その場にいられなくなってしまうんです。一所懸命に調理をするのも、『僕はこんなにサービスするから、ここにいてもいいですか』と心のなかで言っているような感じがしました。仕事を辞めてからは、普通に人と付き合えなくなってしまったんですね。いつも疎外されているような感覚があったんだと思います」

客が帰った後に、夫は深酒をして、しばしば荒れるようになった。押入から物を引っ張りだしたり、本箱をひっくり返したり、洋服を破ったりした。律子に八つ当たりをして殴りつけることもあった。

▼見せしめとしての折檻

夫の対人恐怖と酒癖はますますひどくなっていった。平日の昼間には、夫は決して外出しなかった。近所の人に、働いていないのを知られるのが恥ずかしいらしかった。律子が娘を連れて帰るのを、酒を飲みながらじっと待ち受けていた。そしていつでも夕方に、家族三人で買物に出かけた。夫はようやく外に出られるので、買物の間は機嫌がよかった。魚屋や八百屋や肉屋などをまわり、食材を熱心に選んだ。

「何食わぬ顔で買物に出るから、よそから見たら『なんていい夫なんでしょう、なんて仲の良い夫婦なんでしょう』と思われていたでしょうけど、私にとっては、それから地獄の時間になるんです」

買物から帰ってくると、夫はビールを飲みながら料理をつくった。食事をして腹が一杯になってくると、ビールから日本酒に変えた。途端に目がすわった。律子は生きた心地がしなかった。その目で睨まれると、何かを突き詰められているような恐怖を感じた。そのまま酔い潰れて眠ってしまえば安心したが、飲み続けていれば、夫はいつ暴れ出すか知れなかった。ちょっとでも気に食わないことがあると、物を壊したり妻を殴った。

逆に過剰に優しくなることもあった。妻の爪を切ったり眉を剃ったりした。あまりにくどいので、「それ以上、眉を細くしないで」「疲れているから、もうやめて」などと律子が言うと、「おまえが俺の言う通りにならない。俺がこんなに愛してるのに、おまえは俺にちっとも関心を持たない」と血相を変えて怒り出した。律子はそれをまともに受けとめ、たとえ殴られたとしても、「私を愛してるから殴るんだ。愛してなきゃ殴らない」と思い込み、夫を憎むことはなかった。

「俺がなにをするか迷っているときに、おまえが乗り込んできた」「俺はもう少し結婚せずに、自由でいたかったんだ」というのも夫の口癖だった。律子はそれさえも、まともに受けとめていた。「悪かったな」と自分を責めては落ち込んでいた。

娘が三歳になったとき、育児に少しゆとりが出てきたので、律子は陶芸を習いはじめた。それはずっと憧れていたことで、娘が三歳になるのを心待ちにしていた。しかし夫は、それを不愉快に感じているらしかった。陶芸教室から帰ってきた律子に対して、「料理はまずいし、掃除はしてないし、陶芸に使う時間があるなら、もっと努力しろ！」と責め立てた。酔っ払うと、律子が集めていた陶芸の本を全部ばらまいたり、作ってきた焼物をことごとく壊した。

そのくせ夫は、律子のいないところで、陶芸の本を熱心に読んでいた。いろいろな種類の焼物の歴史や理論などを覚え、作り方などは焼くときの温度まで暗記していた。そしてそれを材料に、律子に嫌がらせをするのだった。「おまえは○○焼きについては、なんにも知らないだろ。歴史を言ってみろ、作り方を言ってみろ」。律子が黙っていると、夫は知識をひけらかした。

もともと律子は本のなかで写真を見て、「ああ、いいな」と感じるのが好きだった。知識に重きを置いていなかった。夫が空で語りはじめても感激することはなく、あまりにしつこいと、「へー、便利ですねえ」と嫌みを言ったり、「そんなの本を見ればわかることじゃない。覚えるのなんて、ばかばかしい」と言い放った。すると、夫は激怒して、律子を殴った。

「彼は家にいればいるほど、外で働いたり習い事をしたりできる私に対して嫉妬を感じてきたようなんです。それに陶芸を習ったりすれば、先生とか仲間とかいろんな人とのつながりができますから、その嫉妬も強かったようです。私の関心が彼以外のところに行ったのが不安だったんでしょうね。だからその不安を解消するためなんでしょうけど、過剰に私の世話をしたり、セックスなんかでも毎晩求めてくるんです。私を罵倒したり殴ったりした後でもそうなんです。関係があれば、とにかく『自分は必要とされている、愛されている』という感じを持てたんでしょうね。でも私は、疲れはてました。夫には言えなかったんで、無理をしてつきあってはいましたけど」

しかし律子には、絶対に耐えられないことがあった。それは娘もしばしば夫の暴力の標的にされることだった。「ごはんの食べ方が汚かった」とか「箸の持ち方が悪かった」とか理由をつけてはいたが、律子に対する見せしめとして娘を利用しているのは明らかだった。たとえば、残業のために律子が遅く帰宅すると、かならず夫は娘を折檻していた。律子は自分が殴られるときよりも遙かに傷ついた。

娘は幼いころから父親の心理を鋭く見抜いていた。殴られながら「謝れ!」と怒鳴られても、「お父さんは八つ当たりで私を殴っているのよ。だから絶対に謝らない。私が悪いんじゃない」と言い返した。むしろ母親の律子のほうがおどおどして、夫が後ろを向いたときなどに、「早く謝っちゃいなさい」と目で合図を送った。しかし娘は断固として応じなかった。「ずっと後になって、娘とそのときの話をしたことがあるんですけど、『早く謝りなさいというお母さんがいちばん嫌だったのよ。そのことに対して謝ってほしい』と言われて、謝らせられたことがあるんです。ほんとに悪いことをしたなと思いました。娘は自分のみた夢を語ることで自分の気持ちを語ることが多いんですけど、あの頃、『お母さんが冷蔵庫の前でばたんと座り込んでいた』という夢を語ったんです。それは頼りにならない母親。自分が困っているのに、何の助けも差し延べてくれない母親という思いがあったんでしょう」

一度だけ、夫が律子に包丁を突きつけたときがあった。隣の部屋で寝ていた娘はパッと目覚めて、ワーッと泣き出した。律子はとっさに「動いちゃだめよ」と声を絞り出した。ガラスにうつる父と母の異常な姿を娘は震えながら見詰めていた。結局、夫は包丁を引っ込めたが、娘の心に深い傷を残した。娘は寝床に入っても眠れないことが多くなった。律子が付き添っていてもびくびくしていた。

▼「もういい」

ある夜、姪が遊びに来て、みんなでトランプ遊びをしていた。夫も酒を飲みながら、上機嫌に加わっていた。ところが、細かなルールのことで律子と夫の判断が異なったとき、夫が突然大暴れをはじめた。律子は姪に対する危険も感じとったので、姪と娘と三人で家を飛び出した。

「このときはたいへん無気味に思いました。それまではお客さんが帰ったあととか、私が仕事や付き合いで遅くなったときに暴れていたので、それなりに予測できたり、理由があったんですね。でも、そのときは、あまりに突然だったんです」

律子たちが逃げ込んだのは、夫の姉（姪の母親）の家だった。姪の荷物を置き忘れてきたので律子は姉に事情を話し、取りに行ってもらった。それが結果的に、いい方向につながった。それまでにも姉の家に逃げたことは何度かあったが、律子は多くを語らなかった。夜に娘を連れて逃げても、翌朝になれば何事もなかったように家に戻り、律子は職場に娘は学校に出かけた。姉は「単なる夫婦げんか」程度にしか思っていないようだった。しかしその晩、荷物を取りに行った姉は、弟が暴れたあとの修羅場を初めて目の当りにした。帰ってくるなり律子にいたく同情を示し、「しばらくここにいなさい」と言った。律子は素直に従い、初めて長期間家をあける決心をした。

「いま思うと、お姉さんの家で安心して過ごした日々は、私にとってシェルターの必要性を実感させたものだったかもしれません。それまで私の中に、同情されるのは嫌だとか、泣き言をいいたくないとかいう、つっぱった気持ちがあったんですね。それに私の仕事は保育関係ですから、夫のケアができないというのは仕事の延長線上の問題にも思えて、逃げてはいけない、逃げられない、と思いつめていたようなところもあったんです。自分以外のところに問題を持ち出すのは、逃げ出すとか放り出すという感じしかもてない、閉じ込められた考え方をしていました。仕事面でも私生活でも、他者を受け入れるということと、自分が我慢するということと、混同して考えていたようなところがあるんです」

二週間後にしらふの夫が訪ねてきて、むにゃむにゃと口ごもりながらも初めて「暴れることはしないから」と約束した。それを信じて律子と娘は家に戻った。しかし、やはり夫との生活は安心して過ごせなかった。たしかに暴れることはなくなったが、毎晩のように夫は異様な行動を起こした。真夜中に十何本もの包丁を研いだり、食材という食材を細かく切り刻んだり、鍋にぐらぐらと湯をわかして食材を放り込んだり…。それはあたかも真夜中の儀式のようであった。律子は「それが爆発するかもしれない、事件になるかもしれない」という恐怖で眠れなかった。娘も同じように、眠れない日々を過ごしていた。

「それまでは飲み過ぎると、私にしつこくからんでいたんですが、それを無気味な行動で表すようになったんですね。私は、この人の前から早く姿を消さないと大変なことになると感じはじめました」

その状態に二週間耐えつづけた。精神的にも肉体的にも限界に達していたある日、真夜中の儀式が終わって静まり返ったとき、娘がぽつりと言った。

「お母さん、もう安心して眠れるね。ほら、お父さんのいびきが聞こえるでしょう？」

「もういい」と律子はつぶやいた。ふたたび家を出る決心をした。翌日に学校が終わったら伯母の家に行くよう娘に言い聞かせた。夜通し荷造りをして、朝方に持てるだけ持ち出し、駅のコインロッカーに預けて出勤した。

「『もういい』というのは私の全身から出た言葉でした。先の見通しをもっていたわけではありませんけど、布団のなかで娘と安心して眠れる夜をとにかく取り戻したかったんです」

しかし今度は、姉の家でも安心して暮らせなかった。夫から頻繁に電話がかかってきて、「ぶっ殺してやる！」とまで脅迫された。受話器を座蒲団にくるんで、鳴っても出ないようにした。夜の外出はできず、いつでもドアのチェーンをかけていた。娘の学校とも連絡をとって通学路を変えた。

▼アルコール依存症という病気

そのさなか律子の祖母が亡くなった。夫が葬儀に来ていなかったので、肉親に問い詰められ、律子は家出に至るまでの十何年来の問題を初めて打ち明けた。一人の叔父が冷静にその場を取りまとめ、親族会議のような話し合いをもうけ、専門家に相談するよう律子はアドバイスを受けた。

さっそく翌日、東京都精神保健衛生センターに電話相談をした。

「この電話をしたことでホッとできたんです。それがこの後の私の行動に大きく影響しているように思います。一人で思い込む、抱え込むというのが私の生き方の癖のようで、それまで夫の生活すべてを抱え込んでいたわけですから…。電話相談で『アルコール依存症という病気です』と言われて、それまでの私の不安、いらだち、恐怖が、『アルコール依存症とは何か』という問いに変わったんです」

精神保健衛生センターの紹介で、民間の相談室に通うようになった律子は、まずカウンセラーから「生活費の援助はやめましょう」と言われた。そうすれば夫に自立心が芽生えて、アルコール依存症の治療や職捜しなどの行動を始めるようになるという理由だった。律子はカウンセラーの前では「はい」と答えたが、それは報復手段のような気がして躊躇した。夫は「金がないからどうにもならない」と何度も電話してきた。律子もどうしても放っておけず、「お金がなければ行動もできないだろう」と思い込んで、二回ほど現金を渡しに行った。夫はそれを酒代にこそ使わなかったが、何の行動も起こさなかった。律子は自分の過ちに気づいた。

その後、夫は家から一歩も出ずに、家にある食材だけで二カ月あまりを過ごした。律子に電話をかけては、「何も食べていない。やせて死にそうだ。今度アパートに来たときには、きっと死んでいる」などと訴えた。真夏の猛暑のとき、律子は耐えきれず、おにぎりと鮭一切れを持っていった。痩せこけた夫はそれを見たとたん、物凄い形相になり、「こんなもん、食えるか！」と投げつけた。律子は恐怖に震えながら、「あなたの命はあなたのもの、あなたに返します」と小声で言い残してその場を飛び出した。

「その言葉は無意識に出てきたんです。あの後、なんでその言葉が出てきたのか考えていたら、自分自身が夫の生命までしょい込んでいたと気づいて愕然としたのと同時に、彼の『理想のお母さん』になれない自分を捨てられたようにも感じてホッとしたのだと思います」

夫がアルコール依存症の治療を開始するまで家には帰らないと決心していたが、不安定な仮住まいなので、焦るような気持ちもあった。しかし、その後も夫は、ぜんぜん行動を起こさなかった。律子は自分が考えていたような簡単なことではないと気づき、「これは長期戦になる」と覚悟を新たにして、家出から別居に切り替えることに決めた。

さっそくアパートを借りて、娘の夏休みの間に引っ越した。家財道具など何もなかった。大家さんが首をひねっていた。律子はそれを見て恥ずかしくなるどころか、おかしくて仕方がなかった。カーテンもないがらんとした部屋に布団一組を敷き、娘といっしょに熟睡した。朝目覚めると、日差しが心地よく、遠くに新宿の高層ビルが見える景色もすがすがしく感じて、何年ぶりかの晴れやかな気分だった。不安よりもそのほうがずっと強かった。

肉親や友人たちが、タオル、せっけん、ぞうきんに至るまで生活用品をどんどん送ってくれた。居候の疲れからも解放されたので、「早くこうすればよかったね」と娘と話した。「家出は夏に限る」と友人に冗談を言ったり、読書を楽しんだりできるほど、明るく落ち着いて暮らせるようになった。

▼「あなた、その夫を愛しているんですか」

その頃、律子は、アルコール依存症者の妻たちのグループ・カウンセリングに週一回通うようになった。そこで精神科医の斎藤学氏に出会った。斎藤医師の著書を読み、とても魅かれて、律子のほうから積極的に会いに行った。

初めて斎藤医師のグループに参加したとき、律子は「夫のアルコール問題でどうしていいのかわからなくてここに来たんです」と切り出して自己紹介をした。そして、夫のことを長々と話していると、斎藤医師が突然、「あなた、その夫を愛しているんですか」と問いかけた。律子はハッとした。彼女にとってみれば、夫の問題を解決しに来ているのであって、夫への自分の愛情を問題にされるのは意外であったし、ひどく違和感を感じた。「えっ、この人、何を聞こうとしているの?」と意味を理解できなかった。その場は曖昧な返答でごまかしたが、「夫を愛しているんですか」という言葉は、律子の心に大きなものを残した。

「ずっと夫の暴力に対処することで精一杯で、『この場をどう切り抜けるか』とか『どうすれば暴力を防げるか』ということに時間とエネルギーを費やしていましたから、『愛しているかどうか』というところまで考える余裕はなかったんですね。だから、斎藤先生から『あなた、その夫を愛しているんですか』と言われた後は、揺り動かされて、めちゃめちゃショックだったり、逆にすごく魅力を感じたり、今までにない自分を味わっていました」

その後も熱心に斎藤医師のグループに通い続けた。斎藤医師の言葉は、頭に響くのではなく心に響いた。「頭の中をかき混ぜられるのではなく、感情をかき混ぜられる」という、律子にとって初めての経験であった。毎回参加するうちに、多くの夢を見るようになったり、思いついたことを書かないと落ち着かなかったりするようになり、何かがほどけはじめるような感覚になった。もちろん、知らないことが斎藤医師の説明でどんどんわかっていくという知的な面白味もあったが、心に響く言葉の数々によって、理屈だけではわからない人間の奥深さが見えてくる感じがした。

グループに参加している女性たちとの交流も楽しかった。セッションの後にもお茶を飲みながら、長時間に渡って話し合った。ここでも理屈ではなく、アルコール依存症者の妻という同じ立場でそれぞれが考えたり感じたりしてきたことを丁寧に言葉にしていき、苦しい経験を分かち合った。そして、互いに支えあっていく信頼関係を築いていった。そういう環境のなかで律子の意識に変化が生まれた。

「今までより自分のことにだいぶ関心が移るようになって、自分の生育歴や自分の言葉や生活態度、人との関係などを考えるようになっていったんです。ポツン、ポツンと島状に見えていた自分が一つのつながりをもって、ぼんやりとではありますが、全体像が見えてきました。つまり、私自身がコミュニケーション不全の家族の娘として育ち、夫を選択している事実が自分の視野におさまってきたんです」

律子の内面への旅が始まった。そこでたどりついたのは、「母を捨てる作業」だった。

彼女の中の母親像は、何もしようとしない憂うつな母であった。一日の内のほとんどの時間を部屋の片隅で座り込み、額に手を当ててうつむいていたり、頭痛薬を飲んだり、じっと鏡を見ていたり、白髪を抜いている母親の姿を、律子は幼いころから見ていた。「なんであんなふうになっちゃったんだろう」と考え込むこともあった。母親は専業主婦だったが、家事もほとんどやらなかった。とくに料理が下手だった。母親が作った弁当を友達に見られて、律子は恥ずかしい思いを何度もした。御飯のうえにたらこが一本だけ置いてあることもあった。友達を家に招いたときでもその調子だった。

律子は小学校上級生の頃から、そういう母親を責めはじめた。直接言葉で責めるのではなく、とにかく母親に触れない、無視を続けるという形で責めた。母親に対する怒りを溜めこんで鬱状態になることもあり、ひどく苦しかった。そして家庭科を習い始めて、「あっ、これをきちんと勉強すれば、もうお母さんはいらないな。ぜんぶ自分でやれるな。もし何かあっても、お金さえあればやっていけるな」と思い込んだとき、律子は母親を諦めた。それまでは、面倒を見てもらいたくて仮病を使ったりもしたが、そういうことは一切止めにして、「もうお母さんに頼らない」という自覚が生まれた。

家事だけではなかった。わからないことがあっても母親に聞くことはせず、図書館に行って本で調べた。友達の家に遊びに行ったときには、かならず母親を観察し、「母親というのはこういうとき、こうするものなんだ」と覚え込んだ。そしてそれを応用した。たとえば律子がだれかに世話になったとき、母親は気づかず、お礼さえ言わなかったので、自分の小遣いで品物を買って「ありがとうございました」と手渡した。すでに小学校上級生のときからそうだった。

「そんなふうに生きてしまうと、子ども時代って失いますよね。いちばん楽しい時代じゃないですか、その頃って。無邪気に、怪我しても失敗しても、誰かが責任を取ってくれるから、無茶できる時代じゃないですか。でも、それをやらなくなったんです。危ないことは絶対にやらない。自分の始末できる範囲内をいつも守って生活しようと思うようになったんです。困ったことがあっても人に頼らない、ぜんぶ自分一人で解決しようとする性格を強く持ったのはあの頃ですね」

▼父と母の記憶

暗く沈んでいる母親とは対照的に、証券会社のエリートサラリーマンだった父親は快活な人だった。しゃれた洋服を着てパイプを吹かしているのがよく似合った。趣味は狩猟で、野山へ鉄砲を持って狩りに出掛けては、捕えた小動物を持ち帰り、毛をむしって調理をした。娘に対する態度も母親とは正反対だった。父親は律子を溺愛した。幼い頃に律子の世話をしたのは、むしろ父親だった。食事の世話はもちろんのこと、風呂に入れたり、耳を掘ったり、爪を切ったりしていたのも父親だった。会社の温泉旅行に娘だけを連れていくこともあった。

「情緒的なつながりは、父のほうが密だったんです。母から何かをしてもらったという記憶はほとんどないんですけど、父の膝のうえで優しくしてもらったという記憶はいっぱいあるんです。だから、夫から同じような世話をされていたときに、ぜんぜん違和感がなかったのは、父の影響で『男とはそういうものなんだ』という思い込みがあったからなんですね」

しかし律子が小学三年生のとき、父親はサラリーマンを辞めて事業を始めたので多忙になり、娘の世話をしなくなった。そしてちょうどその頃から、律子は母親の嫉妬を感じはじめた。母親がしばしば「おとうちゃんは、あんたばっかりかわいがっている」と言うので、母親の前で父親とべったりするのは悪いことだと思い込んだ。嫉妬を買わないために、父親からも離れていかざるを得なかった。

「母は自分が愛されないことを、私に対する嫉妬という形でかなり表現していたんだと思うんです。母にとって、私はライバルだったんでしょうね」

律子は、父親と母親が仲良くしているのを見たことがなかった。ほとんど口をきかなかった。律子が二人の伝言役をしていた。けんかをすると父親のほうが先に激昂して、茶碗を投げたりテーブルをひっくり返したりした。母親はそんなとき、父親をキッと睨めかえし、「こんな傷にして、こんな歯にして！」と泣き叫んだ。母親の唇のうえには切傷を縫った跡があった。前歯は二本治療して金歯にしていた。

もともと美しい顔立ちの母親だったので、律子の目にもその二カ所は、せっかくの美貌を台無しにしてしまっているように見えた。具体的に何があったのかを律子は知らなかったが、父親に何かをされたことを察して、それだけはひどく同情した。「お母さんが暗くなった原因なのかな」と漠然と思っていた。しかし大方では、両親のけんかを見ているときも、律子は父親の味方だった。「お父さんに冷たいお母さん」と母親に批判的だった。

「母がバタード・ウーマンで、相当に痛んだ部分があったと思いやれるようになったのは、私が同じような経験を潜り抜けてからのことでした。母が他界した後に、父が大きな断ちばさみを投げて母の顔を傷つけ、前歯を折ったことを兄から聞いたんです。母は死ぬ間際まで、人生を悔やんでいるようでした。『こんなになっちゃった自分が恥ずかしい』と言っていました」

律子が高校生のときに、父親は事業に大失敗をして、まるで人が変わったように無気力になり、家にこもって酒浸りになった。いよいよ貯金がなくなったとき、鉄砲を母親に向けて、「死ぬ」と凄んだ。律子が慌てて止めに入った。父親は家を飛びだし、自殺未遂をして警察に保護された。叔母に引き取られて帰宅した。鞄から遺書が出てきた。律子宛のものだけだった。母親は「なぜおまえに遺書があって、私にないの!」と叫んだ。

数年後に父親は気力を取り戻して再就職した。ある日、ぶらっと東京で暮らしている律子を訪ねてきて、唐突に「金庫の番号を書き留めておいてくれ」と頼んだ。律子は「お父さん、こんなこと縁起でもないね」と言いながら、右へ何番、左へ何番と手帳に記入した。その十カ月後に、父親は交通事故で他界した。遺された金庫の開け方がわからなくて母親が困っていたとき、律子が「わたし、知ってる」と手帳を見て、すかさず扉を開けた。「なんでおまえが知っているの」と母親は驚き、十カ月前のことを律子から聞かされるとひどく落胆していた。

「父の愛情を受けるということで、私は母に勝ったわけですけど、私の中にも『お母さんに勝たなければいけない』という意識があったんです。私は子どものときから、結婚後も仕事を持って、子育てもきちんとやって、食事もおいしく作って、家の中もきれいにして、夫とは対等で仲が良くて、とてもお洒落で…と夢のような理想像を描いていました。それは母を見ていて、『あんなふうな女になってはいけない』と思っていたからなんです。でも、いま考えれば、それに縛られたことでずいぶん苦しみました。夫との関係に破綻しても離婚に踏み切れなかったのは、『理想を作るのに失敗したくない、母に勝ちたい』という意識があったことも大きな原因なんです。私にとって、母の記憶を肯定的にとらえ返していくのが課題のような気がしています」

▼ドアポケットの離婚届

子ども時代の記憶までさかのぼって自分自身を見詰め直し、気持ちの整理を進めていた律子ではあるが、行動面ではあいかわらず混乱が続いていた。妻からの生活援助がなくなり窮乏していた夫は、ようやく職捜しをはじめ、新しい仕事に就いて、酒も飲まなくなった。律子は嬉しさのあまり、夫に会うことを許し、週に一度、親子三人で過ごすようになった。しかし、仕事に慣れはじめたころ、夫はふたたび酒を飲みはじめた。とたんに酒の量は元に戻った。

斎藤医師にその話をすると、「酔っているあなたとは会わないと、曖昧ではなくきちんと伝えなさい」とアドバイスを受けた。律子はそうしたが、ほとんど効果はなかったので、本当に会わなくなった。すると、夫は別居中のアパートに深夜訪ねてくるようになった。「酔っているあなたとは会えないから」とドアを開けずにいると、ドアを蹴飛ばしたり大声で騒いだ。

「私の心臓は破裂しそうにドキドキして、言葉もしどろもどろになりますし、恐くて歯の根も合わないほどでした。私と娘がどんなつらい思いをしているかを伝えたいと思って、夫があまり飲んでいないときに、ドアのチェーンの隙間から、向こうとこちらで話をしたんです。そのとき夫は、『よくわかった。もう二度としないから、自分の話も聞いてくれ』と言うんで、彼の言いわけを真剣に聞いたし、私も、こんな思いはこれっきりだと、十分自分の気持ちを伝えたつもりでいました。でも、次の日になると、ぐでんぐでんに酔っ払ってドアの前に夫が立っているんで、もう私は彼と話すことを完全にあきらめたんです」

再び斎藤医師にその状況を話すと、「もう一度、別居をきちんとやり直しなさい」とアドバイスを受けた。「仕事も辞めなさい。それから夫からまったく見えないところに姿を消しなさい」とも言われた。律子は迷いに迷った。「先生のアドバイスだから、きちんとしなきゃ」という思いと、公務員を辞めた後の生活費の心配、特に娘の生活の心配とが交錯した。

結局、「状況は変えないですけど、別居はきちんとします」と答えた。「引っ越しもしないのですから夫はまた暴れにきますけど、そのときは警察に頼みます」とまで決意を述べた。

律子はその通り、何を言っても夫が帰らなかったとき、窓から身を乗り出して「警察を呼んでください！」と叫んだ。警察官が駆けつけて夫を連れていった。しかし、翌晩になれば夫はまた訪ねてきて、また警察を呼んでという繰り返しだった。一カ月以上もそれが続き、十数回の一一〇番をした。

ある晩などは、警察が夫を連れていった後に、やれやれと思って寝床に入ると、再びドアを叩く音が聞こえた。「おまわりさんが事情を尋ねに立ち寄ったのだ」と思い、ドアを細めに開けると、夫が立っていた。終電に間に合わなかったので、また訪ねてきたのだった。再び警察を呼んで連れていってもらったが、警察が頼りにならないことを痛感した。いくら説明しても警察は「夫婦げんか」程度にしか認識せず、真剣には取り合ってもらえなかった。警察が連れていった後でも、恐怖で眠れなくなった。

「そうこうするうちに、私の中で、離婚という選択肢が大きくなってきたんです。でも、『私が離婚したいから離婚する』という自分本位の気持ちにはなれませんでした。どうしても納得がいかなかったんです。いろいろな人に相談したんですが、結論が出ませんでした」

ある男性の親友に相談したとき、「命がけでもう一度いっしょになってみたらいいじゃないか」と言われた。そのとき律子は、「いっしょになる」ということに抵抗を感じたものの、「命がけ」という言葉が心に響いてきた。夫との関係も含めて、それほど真剣に何かをしたことがない自分に気づかされた。その三週間後に、庭師だった彼は、仕事中に崖から落ちて亡くなった。律子はその知らせを聞いて、ひどくショックを受けた。「彼は本当に命がけで生きていたんだな。だから私に、ああ言えたんだな」としみじみ思った。

彼の通夜に出ていたとき、酔っ払った夫がその席に電話をかけてきて、ぐだぐだとわめいた。律子はすかさず、電話を切った。そのとき初めて、「ああ、離婚しよう」と気持ちが固まった。離婚届に判を押し、返信用封筒も付けて、夫のところへ送った。

すると夫は、予想よりずっと早く離婚届に判を押し、律子のアパートに届けにきた。不在だったので、そのままドアポケットに入れて帰ったが、駅前で律子とばったり出会った。背筋が凍るような恐怖を律子は感じた。しかし夫は拍子抜けするほどもの静かで、こわばった表情を浮かべ、「いま、置いてきましたから」とつぶやいた。「あっ、はい」とだけ律子は答えた。それが夫婦としての最後の会話だった。そのまま二人はすれ違って別れ、それ以来二度と会わなかった。

▼シェルターづくりの始まり

離婚後、律子は鬱状態に陥った。

「自分の理想を作れなかった、失敗したという思いがすごくあったんです。それから、私はどうして夫のような男性を選択したのだろう、そういう自分の病はいったい何だったのだろうということに、たいへん強迫的にこだわっていました。もしこれがきちんと言葉にして整理され、理解できないと、人とのかかわりでまた同じ失敗をしてしまうんじゃないか、人とかかわるのは嫌だ、怖いという感じがあったんです」

鬱状態であっても、週一回の斎藤医師のグループには通い続けた。そこでありのままに話をして、律子の鬱状態について話し合うこともあった。斎藤医師からは、「鬱状態になるのは当然のことで、あれほど頭の中を占めていた夫のトラブルがなくなればそうなる。アルコール依存症者の妻たちは、必要とされる必要のある人たちなのだから」と言われた。

必要とされる必要のある自分――記憶をたぐりよせて考えてみると、あまりに当てはまることばかりだった。そして、「母のような生き方をしない」と自分で選んだつもりだった生き方が、いつのまにか母親の生き方へ近づいていることに気づき、恐怖にも似たものを感じた。自分を無意識にそこに突き動かしているのは何なのか、律子は自分なりに整理をしたかった。それは母と自分の二世代で「暴力関係」を断ち切りたいという切実な願いにも通じていた。

離婚して二カ月後、まだ鬱状態が続いているときに、斎藤医師の呼びかけで始まったアルコール問題を考える市民の会『ＡＫＫ』の設立に律子はかかわった。当初は「斎藤先生たちが始めることだから、できることを手伝いたい」というくらいの気持ちだった。五十名ほどの設立準備会で自己紹介したときには、「アルコール依存症の夫と離婚して…鬱状態で…斎藤先生のグループに参加していて…」としどろもどろで、自分に参加資格があるのかどうか困惑した。

設立総会のときには、体験発表者の一人として壇上に立った。緊張のあまり真冬の寒さも感じず、食欲もないほどだったが、言葉に詰まりながらも、大勢の前で離婚に至るまでの体験を話し終えた。場内は感動の拍手にあふれた。涙を流している人もいた。それは後に「アルコール問題にかかわる原点」と思い出すほどに、律子にとって鮮烈な瞬間であった。相談例会や宿泊セミナーや会報編集などＡＫＫの活動が本格的に始まってから、彼女はもっとも精力的に活動する運営委員の一人になった。ボランティア・カウンセラーを勤めたり、ＡＫＫから派生した新たな自助グループを立ち上げたりもした。活動時間は児童館の仕事が終わってからで、どうしてそれほどの真剣なエネルギーが湧いてくるのか自分でも不思議だった。

「ＡＫＫにかかわっていろいろな人の中にいれば、自分の未整理な部分が少しずつでも理解できていくんじゃないか、いまは見えなくても人から教わったり、自分で見えてくることがあるんじゃないかと思ったんです。ＡＫＫにいれば、自分の不安を一人で解決しなくてもいいんだという安心感みたいなものが持てたんですね。それが信じられたときホッとして、離婚後にも感じていた生き難さがだんだん楽になっていく、解放されていくような感じでした。私は自己完結的というか、自分の悩みは自分できちんと解決しなければいけないと思い込んでいたんですけど、ようやく他人との助け合いの関係を求めて、自分から動くようになったんです」
ＡＫＫ発足から七年目に、シェルターづくりに着手した。発足当初から必要性は感じていたが、多大の労力を要するこの活動をこなしていく自信はなく、ずっと躊躇していた。しかし、ＡＫＫなどで知り合った女性たちが夫の暴力に耐えかねて家を飛び出し、実家や友人宅、シティーホテルやウィークリーマンションなどを泊まり歩いているのを見て、「とにかくやってみよう」と決心し、呼びかけ文を作り、募金を集めた。ＤＶの被害経験がある女性たちが次々に寄付した。毎年十万円を寄付するという人もいた。全国紙が報道してからは大きな反響があり、百万円もの募金が集まった。「自分の家を提供してもいい」という申し出まであり、非常に安い家賃で広い一軒家を借り受けた。

とんとん拍子に準備が進み、呼びかけ文から約半年後の一九九三年四月に『ＡＫＫシェルター』を開設した（現在『ＡＷＳシェルター』に改名）。十人の女性が運営委員になった。そのうちの数名は、律子と同じように、かつてバタード・ウーマンであった女性たちである。

「シェルターに入居した人たちと私たちは、同じ体験者として出会って、自分の体験を伝えてきました。シェルターからアパートに自立した人もいますし、再び夫のもとへ帰った人もいます。一度戻って再び出た人もいますし、戻ってから夫が変化していったという人もいます。みなさんそれぞれですけど、共通するのは、ある一定期間、自分と向かい合うことをしないと、再び同じことを繰り返してしまう人たちであると私は思っています。ある時期、ある期間、問題ある人から離れる必要があって、その間に治療グループや自助グループのミーティングの中で新しい人間関係をつくらないと、淋しさや不安感から、もとの慣れた関係へと戻ってしまうんです」

それはもちろん、自分自身のこととしても律子は語っているのだろう。これほどの人であってても、まだ回復の途上にいるという意識を抱いているにちがいない。新しい人間関係をどんどん築き、常に自分に向き合い、自分を発見していく作業をこれからも、くりかえしくりかえし続けていくのであろう。実際、彼女は、仕事の面でも新局面を迎えた。長年勤めた児童館を退職し、斎藤医師が創設した『家族機能研究所』の職員となり、専門家としてカウンセリングを行なうようになった。それは苦しみを乗り越えてきた中で少しずつ得ていった自信の結実なのかもしれない。

子どもの暴力でも夫の暴力でも父親の暴力でも、家庭という密室で起こるかぎり、ほとんど表面化はしない。最近では、母親の子どもへの暴力（虐待）が社会問題化しているが、これも表沙汰になったのは氷山の一角であろう。まさに「家庭は戦場」という様相を呈してきた。そういう中で苦しんでいる人たちの数は計り知れない。身内からの暴力というのは、際限なくある苦しみのうちでも、最も苦しいもののひとつであろう。耐え切れずに自死を選ぶ人もいるし、暴力をふるう身内を殺す人もいる。しかしこれからどちらかに傾くかもしれない人たちに、伊藤恵造や野本律子の生き方を知ってほしい。その絶望こそ本当の自分を発見して本当の自分を生きるきっかけになる、その絶望は希望に変えられる、と知ってほしい。

【第3章】自虐行為としての性行為

「こんなことしてるの私だけでしょうね?」

▼誰にも言えない

性の悩みの電話相談『カウンセリング・レイ』は、スタッフのメッセージやプロフィールを聞くところから始まる。

「だれだって自分が正しいと思いたい。でも、だれだって失敗もする。ごまかさず、あきらめず、逃げ出さず、生きていかなければいけない。きびしいね、つらいね。でも、私たちはそれを知っているからこそ、うんうんとお話を聞く立場に身を置いているんです。ぜひ、疲れたときには、電話をください。がんばらずに、お話ができると思いますよ」

「おしゃべりすると、すっきりします。打ち明けると、落ちつきます。涙流して、鼻かんで、また耳を澄ませます。いっしょに怒ってくれるとうれしい。自分を認めてくれるとうれしい。甘えん坊だな、わたし。やっぱ、頼ってばっかだな、わたし。でも、それがわたし。わたしはわたし。ゆっくり歩いていこう。背伸びしたってしょうがない。追いつかなくなったってしょうがない。お腹がへったら一休み。キャベツの千切り。タコのマリネ。ビール一杯で、また元気。マイペース、マイペース、ねえ、あなたも、いっしょに行く？」

「自分が嫌いでした。お酒とかＳＭとか、そういうものに逃げました。嫌な自分を忘れたい、ＳＭすればちがう世界が見えるんじゃないかなって思って…。でも、ダメでした。安定剤の量だけが増えて、わたしは少しもすっきりなれませんでした。心が晴れませんでした。物事から逃げてはいけないんだってあとになってわかりました。やってみないと、わかんないんですね。ばかですね、わたし。そのとき、自分の性について話せる人がいたら、もっとわたしは早く楽になっていたのかもしれない。安定剤なんて飲まなくても、気持ちが落ちついていたのかもしれない。いまは大丈夫です。いまはわたしのまわりには仲間がいるから。いろんな性のことも心の中のことも話せるから。みなさんは、なにか抱えていませんか？」

六人の女性スタッフは一日に数回、思い思いのメッセージを自由に入れる。軽快だったり深刻だったり、喜んだり怒ったり悲しんだり、エロチックだったり、そのときどきの気分がありのままに反映されている。過去のつらい体験やその日に印象深かった出来事を話したり、自作の詩を読み上げたりすることもある。

電話をする人は、それらを何度も聞くことができて、話をしてみたいスタッフを選ぶことができる。

このシステム自体は、ナンパやテレホンセックスを目的とした風俗系のダイヤル回線と同じである。しかも『カウンセリング・レイ』の広告は、ポルノ雑誌やレディースコミックなどに載っているし、深夜まで開設しているので、風俗そのものと勘違いされることも少なくない。しかし、そういうシステムや広告や時間帯だからこそ、性のことで頭を一杯にして悶々と悩んでいる人たちの目にとまりやすく、電話もかけやすいという利点がある。

主宰の結城麗（四十二歳）はこういう。

「こういう電話って、うそが多かったり、アルバイトで暇潰しにやってるんじゃないかなと疑われても仕方がないとは思います。実際、そういうのが多いですから。でも、私は四年間この電話相談をやってきて、軽い気持ちで話を聞いたことはありませんし、不真面目に話をしたこともありません。私を含めてみんなそうです。性の悩みをうかがうというのは、勇気がいるんです。生半可な気持ちでは電話が取れません。だから、電話をくださる人も、安心して、勇気を出して、話をしてほしいんです」

性の悩みは一般的に、もっとも話しにくい悩みである。とくに、世間的な尺度で「変態」と見なされることであるならなおさらである。白昼堂々と立派なカウンセリングルームに行き、それを語れる人がどれだけいるだろうか。また、聞くほうも、単にカウンセリングの技法を勉強したからといって、それを受容できる器量が持てるとは思えない。

しかし、麗たちは、「セクシャル・リレーションシップ・セラピー（性の絆とその癒し）」を掲げて、どのような性の悩みも引き受けている。ここには、SM、露出、女装、近親相姦など、ありとあらゆる性の相談が寄せられている。精神科医やカウンセラーにも相談できなかったこと、あるいは相談したが冷たくあしらわれたことが多い。

麗をはじめ六人の女性スタッフが、それを受けとめられるのは、ひとえに彼女たち自身が性のことで悩み抜き、乗り越えてきたからであろう。特別にカウンセリングの技法を勉強してきたわけではない彼女たちだが、性の悩みについて語りあえ、通じあえる心を自然と身につけてきたように思えてならない。

▼「めちゃくちゃにされたい」

『カウンセリング・レイ』に電話をかけてくる人は、男性八割、女性二割である。

男性でいちばん多いのは、「女の人にめちゃくちゃにされたい」という悩みである。「どうやってめちゃくちゃにされたいの?」と聞くと、たいがいの人は「わからない」という。具体的なイメージは何もない。もう一歩突っ込んで、「どうしてめちゃくちゃにされたいの?」と聞くと、「僕はもうこんなにダメな人間だから、強い女の人に罵倒されて潰されてしまったら、その一瞬、自分を忘れられると思う」といった返事をする人が多い。深く話していくと、仕事や夫婦関係やセックスなどがうまくいっていないという話がぽつぽつ出てくる。それらがマゾヒスティックな欲求と結びついている。

「こういう人たちは、ぜんぜんM（マゾヒスト）ではありませんよ」と麗はいう。「どこからそういう欲求が出ているかというと、まず疲れちゃっている。それから、自分の責任をどこかで回避したいんです。そういう弱さは、人間として当然持っていること。でも、男の人はそれを日常生活で出せないで、無理してがんばっているから、ストレスがたまってそういう欲求が出てくるんです」

彼らが自分はマゾヒストと思い込んで、SMクラブなどへ行くと、悲惨なことになる。「はい、どのコースにしますか。縛りにしますか、鞭にしますか」などといわれて○をつける。アルバイトの女王様が出てきてその通りに痛みつけられ、辱しめられて、時間が来れば「はい、おしまい」である。ズタズタに傷ついている心は、決して癒されることはない。

実際、それでさらに落ち込んで、『カウンセリング・レイ』に電話をかけてくる人はたくさんいる。

「本当に性癖でMの人は、落ち込んだりはしません。楽しくて仕方がないという感じで、生き生きしています。でも、心の傷からMだと思い込んでいる人が後ろ手に縛られてパンパン叩かれて、なにがうれしいんでしょう？　でも、こういうケースのほうが多いんです。彼らの中では、仕事や夫婦関係などの悩みと性のことがごっちゃになっちゃって、整理できなくなっているんです」

「性器を露出したい」という悩みも多い。なかには携帯電話で、「いまどこどこを歩いて見せています」という人までいる。それは本当かどうかわからない。しかし、たとえ妄想だとしても、それを伝えたいという欲求があるのだから、麗たちは決して冷たくしたりはしない。

たいがいは「僕は変態だ」と自分自身を責めて気持ちが混乱しているので、「変態じゃないわよ。どうしてそうしたくなったのかいっしょに考えていきましょう」といって気持ちを落ちつかせる。そして話をどんどん深めていくと、露出願望をもった人は長男で厳格な家庭に育った人が多いという。

「甘え方を知らないで、自分に厳しくしているから、ときどき耐えがたくなり、自分の枠を壊したい、突拍子もない形で壊したいという衝動が起こるんです。それが性器の露出という欲求につながることもあるんです。女装をしたいという人も、普段は自分の枠を作っていて、それを壊したいという欲求を持っている人が多いですね。でも、『買ってきてすればいいのよ』といっても、『恥ずかしくてできない』『パンティー一枚買えない』という人がほとんどです。『買えない、買えない』ということでスッキリしている面もあるようです」

これらの多種多様な悩みをもった男たちに対して、麗はこう対応している。

「とりあえず何でも言ってくださいという感じで、ガンガン出してもらって、本人がふとわれに返るまで待つんです。その後に、いったい何が根本的な原因なのか冷静に話していきます。みなさん素直に話すようになりますよ。結局、話したいから、電話をかけてくるんですから、あとはそれまでこちらが聞いていられるかどうかの問題です。性の悩みだけではぜんぜんないんです。最初は性の悩みを話してくるんですけど、深まってくると、仕事や家族の悩みに派生していって、最終的に、生き方そのものの問題になってくるんです」

▼危険だとわかってはいても…

女性では、「S（サディスト）の男とうまくいっていない」という悩みがもっとも多い。そういう女性は「自分を愛せない」という。「こんなに醜く、情けない私は抹消されるべきだ」と思い込んでいる。

彼女たちはサディストの男にしがみつき、機嫌を取り、その評価で自分を支えている。サディスティックな要求を受け入れなければ捨てられてしまうのではないかという不安が常につきまとっている。「彼は私のことを愛しているんだろうか」「相手の男がなにを求めているのかわからない」という相談から、「鞭を打たれたり、ろうを垂らされたり、ロープで縛られて吊るされたりするのは怖くて痛いんだけど、どうしても嫌とはいえない」という相談まで『カウンセリング・レイ』には寄せられている。

麗は、詳細に話を聞くが、みずから判断をくだすことはない。結局、「彼女本人はどうしたいのかが問題」という。それを本人が気づくまで話をじっと聞いている。

その過程で麗は、自分の経験を話すこともある。「私もそういうふうに痛めつけられたことがあってね」という話をして、「そのときどんな相手で、どういう気持ちがしたか」などすべて話す。麗が同じスタンスに立ったことで、相談者はそれを追体験することができる。

そこで、いろいろな気づきが起きてくる。

しかし、話を聞いていて、相手の男があまりにもひどいと、「やめなさい」という。たとえば、気絶するほど首を絞めるとか、針を消毒もしないで乳首や陰部に刺すとか、蠟燭を垂らすだけではなく肌や体毛に火をつけるとか、そういう危険きわまりない行為ならば、相談者を直ぐにでも男から引き離すために熱心な説得をつづける。「SMプレイをしていて、信頼もできない男に体を任せては絶対にだめです。命にかかわることですから」と麗はいう。

危険行為の前にやめられるかどうかは大きな岐路である。もし続けてしまえば、障害が残るほどの怪我を負ったり、最悪の場合は殺人まで起こるときがある。

たとえば、一九八八年に二人のM嬢が連続して殺され、世間の耳目を集めた。殺人犯の男性（当時三十三歳）は宇都宮市内の印刷会社の営業マンで、職場ではまじめで明るく人望も厚かったが、私生活では猟奇的な性欲をもつSM常習者だった。薬品のしみ込んだハンカチを嗅がせたり、凶器で脅しながらプレイを強要したりするので、何件ものSMクラブで「要注意人物」と見なされていたらしい。しかし、彼に魅かれた女性（二十四歳）がいた。最初はSMクラブのM嬢と客の関係であったが、プライベートでも交際をしていた。

殺人はデート中に起こった。ラブホテルでセックスをしたとき、男は避妊をしなかったので、「子供ができたら責任をとってくれるの」と迫られた。そのとき激しい怒りと同時に、「責任を取らなかったら、SM趣味を会社にばらされるかもしれない」「金をせびられたら困る」と怖くなったという。そして直後のSMプレイで凄まじく彼女を痛めつけ、手足を縛りあげ、首を絞めて殺した。死体は車で運び出し、富士山麓の樹海に捨てた。約二カ月後にも、SMクラブ所属の女性（二十六歳）を同様の手口で殺害して逮捕された。

当時、マスコミはこの事件に関連させて、SMの危険性をさかんに指摘した。私はそれらの記事をできるかぎり読んだが、若い女性が無邪気にクラブのM嬢として働く、凶暴な男の誘いに軽く乗る、ろくにルールも知らずにプレイを繰り返すことに警鐘を鳴らしているものが多かった。たしかに、その通りだ。単に好奇心を満たすため、あるいは大金を得るためにM嬢を演じるのでは犠牲が大きすぎる。

しかしマスコミ報道で不満だったのは、マゾ行為への過剰な依存、どんなに危険でも止められない、逃げたくても逃げられない心理状態をまったく無視していたことである。実はこちらのほうが、遊び感覚や金目当ての場合より、事故や事件に巻き込まれる確率はずっと高いであろう。おそらく前述の被害者もその傾向があったのではないだろうか。売れない女優だったということもあり、「高収入を得るためにM嬢の仕事を引き受けていた」という書き方をされていたが、とてもじゃないがそれだけでは解せない。

この事件ほど話題にはならないが、SMがらみの殺人は少なからず起きており、SMにのめり込んで苦しんでいる人たちの心のケアは絶対に必要である。それにはなにより、その精神状態を熟知していなければならないが、学究肌のカウンセラーにはまだまだ未知な領域であろう。だからこそ、結城麗のような回復者カウンセラーの存在意義は大きい。

▼母親に託された「夢」

結城麗は父親が設計士、母親がピアノ教師という裕福な家庭で育った。三歳のときからピアノを習いはじめるというお嬢さんぶりであった。

母親は、有名なピアニストになるという夢を娘に託していた。幼稚園から帰ると、母親が待ち受けていて、麗にピアノを厳しく教えた。たとえ嫌がっても、容赦なかった。「ピアノを弾かないとご飯を食べさせてあげないわよ」というのが母親の決まり文句だった。夕飯の支度などで母親がいなくなると、麗はピアノをやめて、人形遊びをした。そのほうが好きだった。ところが、音が聞こえなくなるので、すぐにばれてしまい、きつく叱られた。二階の子供部屋にインターホンがつけられ、さぼっているとそれを通して、「ピアノを弾きなさい！」と怒鳴られた。

弟と妹もピアノを習っていた。とくに妹の出来が良かった。母親は麗に向かって、「〇〇ちゃんはこんなに進んでいるのに、あなたはこれしかできていない」と言った。彼女にとってそう比較されるのが、いちばん傷ついた。

麗は音楽大学の付属中学を受験して落ちたが、妹は合格した。弟は小学校三年生のときにピアノをやめて有名進学塾に入り、東大進学率を誇る有名中学に合格した。麗は、自分だけが母親から誉められない、認められない「悪い子」と激しく思い込むようになった。母親も追い討ちをかけるかのように、長女の「出来の悪さ」を叱りつけ、親戚に嘆いた。

高校に入学した頃から、麗の精神状態はみるみる悪くなっていった。勉強に厳しい学校だったので宿題は大量に出るし、ピアノは習わなければいけないし、心が休まる時間がなかった。いつでも真っ青な顔をして、ピアノの前に座ると、吐き気がするようになった。近所に住んでいた親戚のおばさんが心配して、「あれじゃ、自殺しちゃう」と両親に言ったくらいだった。

しかし、それでも、母親は変わらなかった。長女に対する執着が強く、絶対にピアノをやめさせてくれなかった。麗が反抗的なことを言ったり、弱音を吐いたりすると、「あんたは黙っていればいいの！」とすぐにヒステリーを起こした。

「あんたはなぜ私の気持ちがわからないの！　私がどれだけ犠牲になっているかわかっているの！」

麗はいつでも、父親に助けてほしいと思っていた。自分と母親の間に入ってきて、「あまりに麗がかわいそうだ」と言ってほしかった。しかし父親は、いつも、家庭のことには無関心だった。忙しく働いているか、銀座で飲み歩いているかのどちらかで、家庭のことは母親に任せきりだった。たまに家にいても影が薄く、母親の言いなりで、ただ黙ってベンツを運転して家とピアノ教室の送り迎えをした。

高校生のとき、麗は母親の鬼のような顔を見たり、ヒステリックな大声を聞くと、殺意を覚えるようになった。「この人を殺してしまわないと、自分は生きていけない」とまで思い込んだ。しかし、心の底では、「こんなふうに親に愛されない私のほうが価値がない。音楽学校に入らないと、私は人間として認められない」と自分を責めていた。

だから彼女は、感情を押し殺して、吐き気をもよおしながらも、懸命にピアノを続けた。

「いま思うと、子どもにとっては、生き地獄ですよ。親にいい子いい子されたり、いっしょに楽しくお買物に行ったりした経験が私にはないんです。どれだけそういう普通のことに憧れていたか…」

麗は、ある私立の音楽大学に合格した。しかし母親から解放されることはなかった。大学生になってからも、家でピアノを弾いていないとインターホンで叱られるという毎日だった。

▼にじみ出したマゾ願望

そういう中で麗を唯一解放してくれたのは、性的な快楽だった。

小学校上級生の頃から、彼女はマスターベーションを始めた。ベッドに横たわり、クリトリスを撫でながら、いろいろな妄想をした。いちばん興奮したのは、自分が罰せられるという妄想だった。悪者に捕えられ、鞭で何度も何度も打たれた。

「私は母親に否定されているダメな女の子だったから、どっかで自分を罰したかったんです。それで、根がエッチな子だから、エッチな妄想のなかで代償行為をしていたんだと思います」

不思議と、こういう妄想の後には、解放感を味わえた。そして、とうとう妄想が現実に変わるときが来た。

二十一歳のとき、偶然に幼なじみの男性と再会した。昼間は働き、夜は私大の夜間部に通っている真面目な青年だった。どういうわけか、麗は彼に魅かれた。彼のほうも麗を気に入ったらしかった。何回かデートをするうちに、一人暮しの彼の部屋へ行くようになり、何度もセックスをした。麗は十九歳のときに高校時代の教師と初体験をしていたが、彼はキスをするのも初めてだった。あまりに彼が下手なので、麗はだんだん白けてきた。

ところが、それとは裏腹に、あの妄想を実際にやってみたいという欲求が出てきた。その男性はボーイスカウトをやっていて、ロープをたくさん持っていたので、強く刺激をされたのである。ある日、麗はセックスの最中に思い切って、「ロープで縛ってほしい」といった。彼は拒むどころか、ひどく興奮して「いいよ」といった。手慣れたロープ捌きによって、麗の裸体はきつく縛られた。お互いにSMという言葉さえ知らない初心者中の初心者だったのに、不思議なほど初めからうまくいった。

「縛られたとき、自分の責任がすべて放棄されたような気分になったんです。だから、すごく気持ちがよくて、楽になれたんです。究極の依存ですね」

その日以来、ふたりは毎日のように、SMプレイを繰り返した。相手の男も、日常のつらさからの解放感をそこに求めているようだった。ＳＭは、お互いの逃げ場になった。麗は「救われるような感じ」さえするようになった。男はＳＭの本を何冊も買ってきて、熱心に研究するようになった。大人のおもちゃなども使うようになった。麗は、どんなに痛くて恥ずかしいことをされても、快感を得られた。

「罰してもらうと、子どもに戻れるんです。悪い子の私は『いけない子、いけない子』と叩かれて、『ごめんなさい、ごめんなさい』と謝ることで素直になれるんです。気持ちが楽になるんです。だって、優等生で、お嬢さんで、失敗しちゃいけないと言われつづけてきた子が、実は頭の中でものすごくやばいことを考えていたんですよ。それがばれてしまって、『おまえはこんなに悪い子じゃないか！』と叱られて、自分を解放できる。そんな感じがしました」

しかし、約一年後、その男の激しさに麗は危険を感じはじめた。

ある日、彼は皮ジャンを振り回し、そこについている鎖を麗の顔にぶつけた。深い切り傷ができて、血がだらだらと流れた。「ああ、この人、狂いはじめている。もう危ないからやめよう」と思った。それ以来、その男とは二度と会わなかった。しつこくつきまとわれても、絶対に誘いに乗らなかった。完全に目覚めたマゾ願望を押し殺して〝正常〟になろうとした。

▼SMの世界に

麗は大学卒業後も、ピアニストとして成功するために様々な努力をしたが、いっこうに成果が出なかった。失敗するたびに、母親から「ママはなにもかも犠牲にして、こんなにお金を投じたのに」などと言われつづけた。

一刻もはやく親元から逃れたかった。そのための手段として、麗は結婚に踏み切った。相手は、無名の俳優だった。つきあいはじめて「いっしょに暮らそう」とプロポーズされたとき、「やった、これで親から逃げられる」と思った。

意外にも、結婚に関して、親は反対しなかった。たまたま男の実家がお寺で、麗の母親の実家もお寺だったので、両家が意気投合したのだ。それにくわえ、長女への期待を母親はすでに捨てていたので、「もう私のことはどうでもよくて、自分から離れていくのを希望していたのかも」と麗はいう。

結婚後は、親から完全に独立した。生活費の援助も断った。当然のごとく、待ち受けていたのは、極貧生活だった。夫はほとんど収入がなく、麗がピアノ弾きやウエイトレスをして生計を立てた。夫が有名俳優になるという夢だけが麗の支えだった。しかし、夫は、明らかに演技力が足らず、行き詰まってばかりいた。

ある日、麗が彼の芝居を見て、「あんなのじゃ、なにも伝わってこないよ」とはっきり言った。彼は激怒し、落ち込み、挙げ句の果てに「お金がないからダメなんだ」「演出が下手なんだ」などと言い訳をした。麗はついにキレて、「ふざけんなよ、おまえ、自分がほんとうに信じるものに向かっていく勇気がないくせに、能書だけ垂れんなよな、やめちまえ、芝居なんて！」と爆発した。夫は「だったら俺は、舞台監督になってやる！」とたんかを切った。

麗はその言葉を信じ、腹をくくって、銀座のクラブでホステスをやり始めた。夫が成功するなら、とことん貢ぐつもりだった。

ところが、ホステスの初日を終えて疲れきって帰ってきたとき、夫は口を大きく開けてガーガーいびきをかいて寝ていた。麗はその姿を見つめながら、「もう限界、この人にはついていけない」と思った。翌日、アパートを勝手に借りて、荷物を先に持っていき、夫をそこへ追い出した。数日後、夫がしぶしぶ応じる形で離婚が成立した。約四年間の結婚生活があっさりと終わった。

麗は生活のために、その後も銀座のホステスを続けた。淋しさを紛らわすために、手当り次第、男とつきあい、寝ていた。ただし、誰一人として愛したことはなかった。前夫はひどく淡泊で、ずっと性欲を押さえ込んでいたので、離婚後は自由奔放に性欲を満たしたいだけだった。

そのうちに、SMプレイをしたいという欲求が激しく出てきた。二十代の初めに経験して、一回封印したものが、三十近くになって急激に蘇ってきた。レディースコミックを買い、SM系の伝言ダイヤルに電話をかけた。最初はメッセージを聞いているだけだった。過激なプレイの誘いに興奮したが、「こんなことをしたら、身の破滅」と欲求を押し殺した。

だが、ついに、ある男の電話番号が耳に焼き付いて離れなくなり、思わず電話をかけた。直ぐにつながって話をすると、無性に会いたくなり、喫茶店で待ち合わせをした。相手の男は四歳年下だったが、SMに関してはベテランだった。麗が正直に自分のことを話すと、相手の男はくどくどと説教をはじめた。「君はプレイをしてはいけない」「生活を元に戻せ」とまで言われた。ベテランの直感でその男には、「この女はすごくはまる。すごく危ないことをする」とわかるらしく、麗の身の危険と生活の破滅を心配していたのだ。

「すごくいい人で、本気で忠告してくれました。でも、私はそんなのどうでもよくて、傷つきたい、ズタズタにされたい、犯されたい、殴られたい、人間の尊厳をなくされたいと、そんなことばかり思っていました」

その男は根負けして、SM専用ホテルに麗を連れていった。彼のプレイは〝超ハード〟だった。麗は本格的に縛られ、宙吊りにされ、百回くらい鞭でぶたれた。最初は激痛しか感じなかったが、途中からそれが抜けて快感に変わり、最後は失神した。

それ以来、麗は、プレイ相手がほしくて、伝言ダイヤルをかけまくった。「もうこんなことをしたらいけない」といつも思ったが、理性はなんの歯止めにもならなかった。プロのSM調教師から「君は天性のM。しょうがない、あきらめろ」と言われるくらい深みにはまった。サドの男から命令されれば、何でもやった。どんなに辱しめられても、麗は絶対に逃げなかった。公衆の面前で性器を見せて写真を撮らせることまで命じられた。そしてその写真は、写真投稿の専門誌に載せられた。本格的なSM雑誌やSMビデオに出たこともあった。

ある男とファミリーレストランで待ち合わせをして、相手の目つきや服装を見たとき、麗は「あっ、やばい、帰ろう」と思った。しかし、そう思っても我慢して、ホテルについていった。案の定、その男は刺青をしていた。しかも、覚醒剤を打ちはじめた。麗は、「逃げよう」と思った。まだ洋服を着ていたし、男のほうは覚醒剤を打ったためバスルームに長時間いたので、逃げるのは簡単だった。しかしそのときも、じっと恐怖をこらえて待っていた。「チョコレートだよ」と言われて白いカプセルを渡され、ドラッグとわかっていながら無理して飲んだ。そのあと幻覚症状が起こり、それが渦巻くなかで凄まじいプレイをくりかえした。昼の三時からプレイを始めたのに、気づいたら夜中の二時になっていた。その後一カ月、そのときの瞬間瞬間が鮮明によみがえるフラッシュバックに襲われ、悪寒、吐き気、不眠などが続いた。

「言いわけじゃなくて、やりたくないんです。でも、命令する男に認められたくてやってしまうんです。普通、SMをよくわかっているサドは、『どうしてもできない、嫌だ！』ってマゾが泣けば、『これ以上は無理だ』って引いてくれるんです。そこで一回ブレイクして、サドはマゾを許して受け入れてくれる。それがSMプレイの行ったり来たりなんです。でも、私は、母にピアノを弾けと命令されたら意地でも弾いていたのと同じようなことをしていたんです。サドから屈辱的なことを命令されて『ふざけんな！』と思うんだけど、やっちゃうんです。だから、プレイ中に、泣いたことがなかったんです。泣けなかったんです。泣けば楽になったのに」

▼Mのためのカウンセリング

しかし、そんな麗に転機が訪れた。

あいかわらず伝言ダイヤルでプレイ相手を探しまくっていた頃、ある男と知り合った。彼は外科医で、相手の体の状態を見ながらプレイできるほどのテクニシャンだった。麗は、その男のプレイに対しても、いつものように応じた。どんなに攻められても決して崩れなかった。男は絶対に頭に来たり、感情的になったりせず、麗がいつ崩れても受けとめられるように心の準備をしているようだった。しかし、麗はそれを感じ取っていながら、どうしても素直になれなかった。

プレイが終わったとき、彼女は貧血を起こして倒れた。脚のほうからじわじわと虫がはいあがってくるように痺れてきた。朦朧としながら、「脚に虫がいる。脚に虫がいる」と何度もつぶやいた。男は麗を抱きかかえてベッドに寝かせ、脈を取りながら「だいじょうぶだよ、だいじょうぶだよ」とやさしくいった。そのとき、涙がこみあげてきた。まるで子どもに戻ったように、泣きじゃくった。甘えたいという気持ちも、あふれるように出てきた。

男はそれを受けとめて、静かにいった。

「君は、痛みが欲しいんじゃないし、プレイをしたいんじゃないよ。君がほんとうに欲しいのは、君のことをほんとうにわかってくれる人でしょう」

麗はハッとした。しかし、それと同時に、「私をわかってくれる？　なにそれ？」と思った。自分のことをほんとうにわかってくれる人など想像もつかなかったし、そんな人が存在するのを信じられなかった。

「いま思うと、すごく愛が深い言葉だと思います。あのときは、頭のうえにお星様とクエスチョンマークがバーッと出てきたんですけど、それがずっと心に残って、自分を大事にしようという気持ちが竹の子の芽のように出てきたんです。彼は、自分を自分に気づかせてくれたんです」

ある日、麗は、タブロイド版の夕刊紙に『Mのためのカウンセリング』という広告を出した。最初の動機は「不純だった」という。ホストの男にだまされて多額の借金を背負ってしまい、ホステスの他に副業を探していたとき、SMの経験を活かした仕事をしようと思ったのである。しかし、マゾとしてプレイをして、お金をもらうようなことはしたくなかった。いちばん嫌だったのは、「本番はなし」と言っても、縛られてペニスをむりやり挿入されてしまえば売春行為になってしまうということだった。

そこで考えついたのは、自分がサドの役に回ることだった。それならば強引に挿入される心配はない。そして、それまで自分が受けてきたテクニックのすべてをフル稼働させれば、マゾを満足させられるという自信があった。ホテルに出張して、一人につき四時間取って、プレイをした。相手の心理状態は透けるようにわかった。どうしたら相手がそういう気持ちになったのか、自分のことのようによくわかった。

プレイをせずにずっとしゃべっていることも多かった。マゾの男たちは麗が同じような悩みを持っていると知ると安心するらしく、堰を切ったように、自らの生き難さを告白した。

わかってほしい、受け入れてほしいと、孤独にためこんでいたものをぶつけてきた。そしてその後は、すっきりして、満足気に帰っていった。ある会社経営者の男は、涙を流しながらこう告白した。

「SMクラブから帰るとき、どんなに自分が情けないか。ああ、また自分はここに来てしまったと後悔してばかりいる。でも、行かないと、自分がはち切れそうなんだ」

麗は、その気持ちが痛いほどよくわかり、「私、ちっとも変だとは思わない。私もそうだったから」と言った。男は「僕だけじゃないんだね、僕だけじゃないんだね」と何度もくりかえしながら号泣した。

マゾの男たちの声は、魂の叫びのように聞こえた。それを受け止めることが、自分の役目ではないだろうかと麗は思った。すると、「Mのためのプレイ」ではなく「Mのためのカウンセリング」という発想が自然に浮かんだのである。くだんの外科医の男に相談すると、サポートしてくれることを快諾してくれた。いろいろなアイディアと、それを実現するための資金も提供してくれた。

麗は一人でホテルなどへ行くのを止め、電話相談を専門とするカウンセリング事務所を開いた。当初は一人だけで対応していたが、彼女の取り組みに共感した人たちが徐々に集まり、スタッフとして協力するようになった。

いま、麗はこう語る。

「本当に必要なのは、プレイではなく心なんです。でも、私自身がそうだったように、それに気づいている人はほんとうに少ない。ただひたすら過激なプレイに走り、心の傷をどんどん深くしている。SMという〝おまじない〟を使って、生きることそのものから逃げている。私はそういう人たちの癒しと気づきのために役立ちたいんです。SMの苦しみや虚しさから脱して、自分を愛して生きることの喜びをつかむきっかけにしてもらえればと思っています」

トラウマを理由にして、いつまでも自分をいじめ、人を恨んで生きるより、自分を愛して人も愛せる生き方のほうがどれほど素晴らしいことか。これほど当り前で忘れがちなことはない。そして、これほど大切で難しいこともない。いったん自虐的な意識や行為に陥るとそれが遙か彼方のことに思え、たどり着くことなど想像すらできなくなる。しかし不可能なことでは決してない。麗の生き方は、力強く、そう教えてくれる。

▼心の闇に向き合う重圧

『カウンセリング・レイ』のスタッフは麗と同様に、性の悩み、つまりは生きていることの苦しみを乗り越えてきた女性たちである。専業主婦、OL、自営業者など、それぞれの暮らしの中でローテーションを組みながら、『カウンセリング・レイ』に協力している。麗によると、スタッフが定着するのはすごく難しいという。相談事の内容そのものに耐えられないというより、他人の悩みを聞いているうちに自分のこころの傷や闇に気づき、そのとたんに逃げ出してしまう。それに向き合うことに耐えられない。

だから、麗は、スタッフの女性たちにカウンセリングすることを心掛けている。彼女たちの気持ちを常に聞いている。スタッフ同士もありのままに語り合い、支え合っている。そういう意味では、自助グループのような機能も果たしている。六人のスタッフが定着して、どのような性の悩みでも引き受けられるほど精神的にたくましくなったのは、ここ一年だという。

ブティック経営者の藤崎早智子(仮名・四十二歳)も、『カウンセリング・レイ』に参加して救われた一人である。

早智子は結婚直後に夫婦でブティックを開き、公私ともに夫のパートナーとして活き活き暮らしていた。夫に惚れ込み、夫の愛も感じて、「夫婦は永遠」と信じていた。ところが徐々に、夫婦関係にゆがみが生じてきた。まずいっしょに生活してから初めて、夫がマザコンであることに気づいた。何事でも母親に相談をして言いなりになり、「お母さんがこうしろって、ああしろって」と早智子に忠告した。彼女に対しては支配的にふるまい、反発されると理詰めで押さえ込んだ。口べたな早智子は理屈に弱かったので、いいかげん喧嘩をする気力もなくなり、いつでもハイハイと言うことを聞いていた。

母親が病死したとき、夫はひどく落ち込んで、「これで僕の味方はいなくなった。もう僕は一人だ」と言った。目の前でその言葉を聞いた早智子は、体が震えるほどショックを受けた。「私は、いったい何なの！」と心の中で叫んだが、そのときさえも感情を押し殺して良妻を演じ続けた。

しかしその直後、夫に対する不信感が決定的になる出来事があった。

早智子が一人でブティックの店番をしていたとき、二人の中東系の男たちが店に入ってきて、たどたどしい日本語で「絵を買ってください」と言った。早智子が「すみませんけど、入り用ではないので」と丁寧に断ると、男たちは七千円ほどの商品を手に取り、「これと絵を交換してください」と言った。早智子はふたたび断るのが怖かったので、しぶしぶ了解した。しかし男たちは立ち去るどころか、客がいないのを見計らって早智子に近づき、にやにやしながら抱きついてきた。早智子は必死に腕をふりはらって逃げだし、倉庫に走り込んで鍵を閉めた。しばらくして男たちは諦めて出ていった。

帰ってきた夫に早智子はすべて話した。真っ先に「なんで品物を渡したんだ！」と叱られた。「私の体はどうでもいいの、私って七千円以下なの」とつぶやき、泣き崩れた。夫は「ごめん、ごめん、無事でよかったと思っているに決まっているじゃないか」と謝ったものの、今度は「でも、どうして警察を呼ばなかったんだ。君も反省するべき点があるんじゃないのか」と言った。同様のことは他にもあった。酔っ払いのチンピラが店に入ってきて商品を汚されたとき、夫は怪我がなかったかどうか妻を心配するより、チンピラを店に入れたことを責めた。

「夫にとっては何でもない一言なんでしょうけど、私の中にはずっと残っていたんです。あのとき、私を心配してくれなかったという気持ちがいつもあって、『私は何だろう』って漠然と思っていました。お母さんのことになると、いちばん心配していたくせに…」

それらの出来事があってから、夫への愛情は冷めていくばかりだった。セックスを求められても拒絶するようになった。「なんだ、その態度は！」と怒られて、泣きながら家を飛び出すこともあった。そのうちに、夫に触れられるだけで胃が痛くなった。コーヒーをいっしょに飲むのも避けるようになった。夫の箸や茶碗を洗うのも嫌になった。自分の茶碗のうえに夫の茶碗を乗せるだけで不快になった。

真剣に離婚を考え始めたが、二人の娘のことを考えると、どうしても踏み切れなかった。あるとき、小学生の長女が突然、「ママ、パパと離婚しないでね。絶対に嫌だからね」と言った。早智子はハッとして、何も返事ができなかった。ひとことも離婚のことを話したことはないし、離婚という言葉さえ知らないと思っていたのに、娘はすべてお見通しだと痛感した。

▼自分なんかどうなってもいい

そんな心の空洞を抱えている早智子に、魔の手が襲いかかった。

ある日、電車のなかで痴漢に遭った。急いで電車を降りたが、男はついてきて、ホームの隅に追いつめられた。腰をぐっと引き寄せられ、口づけされたり体を触られたりした。恐怖のあまり声を出すことも身動きすることもできなかった。ホームには他の人もいたが、知らんぷりだった。男は「恋人同士だと思われているから大丈夫だ」とにやにやした。

最後に「連絡先を教えろ」と男は凄んだ。早智子が朦朧としながら断ると、ハンドバックを取り上げて中身を調べたが、連絡先が書いてあるものはなかったので諦めたようだった。その代わりに、メモ用紙に自分の電話番号を走り書きして、「おまえはマゾなんだから、ここに電話しろ」と渡して去っていった。

早智子は家に帰ってから、そのメモを破り捨てた。しかし、どうしても「おまえはマゾ」

という言葉が頭にこびりついて離れなかった。ふと男の低い声が聴こえてくるときもあった。「まさか、そんなことあるはずがない。汚らわしい！」と必死に否定したが、込み上げてくる衝動はあっという間に彼女の心を支配した。ごみ箱からメモの破片を取り出して張り合わせ、書かれていた番号に電話をかけた。

男が出て、話をした。内容はぜんぜん覚えていないという。ただ、最後に男から、「絶対におまえに迷惑をかけないから電話番号を教えろ」といわれ、彼女はブティックの番号を教えてしまった。

翌日に男は、電話番号で住所を調べ、突然ブティックに押しかけてきた。早智子が一人になったときを見計らったようだった。強引に奥の部屋に連れ込まれて強姦された。

「当時は電話番号を教えたのを認めたくなくて、むりやり電話番号を突き止められたんだと思うようにしていたんです。でも、『そうじゃない、自分が教えたんだ』と思い直すと、苦しくて、情けなくて…。『嫌がってても喜んでいるじゃないか』と言われて、それが残ってしまって…。あれ以来、自分が嫌いになりました。毎日毎日、生きているのがつらくて、泣いているか放心状態になっていました」

相手を憎むより、自分自身を責めつづけた。「どうしてあのとき」と思い出すと、体が震えて止まらなかった。犯されて声を出している自分の姿をもう一人の自分が冷ややかに見ている場面が浮かんできた。「なんで自分はあんなところで感じたんだろう、声をあげたんだろう、受け入れたんだろう、もっと激しく抵抗すればよかったじゃない」と思うと死にたくなった。

何日間も不眠がつづいた。目を閉じると、黒い影のようなものが襲いかかってきた。あまりに怖くて飛び起きたり、叫び声を上げたりした。夫からは「おまえよっぽど悪いことをしたんだろ」と問い詰められた。

決して誰にも打ち明けられなかった。特に家族に知られたくなかったが、自分がどう振舞えばいいのかわからなかった。以前にも増して、夫には冷たくなっていった。「結局、夫婦生活がうまくいっていれば、こんなことにならなかったんだ」と思うと、夫のことが心底憎らしくなった。仕事に関する事務連絡以外は、完全に無視するようになり、視線さえ合わさなくなった。寝室を別々にするようにもなった。

娘たちに対しては、「私のような目に遭ってほしくない」という気持ちが常にあった。下校の時間や遊びに行くときは心配でたまらなくなり、仕事も手につかなかった。帰ってくると、強く抱きしめて涙を流した。逆に少しでも帰りが遅くなると、ヒステリックに怒鳴りつけたり叩いたりした。

「自分なんかどうなってもいい。死んでしまいたい」。そう思い続ける早智子は、無意識のうちに、自虐行為への欲求に駆られるようになった。「誰かにいじめられ、めちゃくちゃにされたい」というマゾ願望が日に日に強くなっていった。ついに衝動を抑え切れなくなり、相手を探すために、テレクラのＳＭ専用回線に何度も電話をした。次から次へとサディストの男と会い、ＳＭプレイを繰り返した。むごい仕打ちをされ、恥辱感に耐えがたくなっても、「私は汚れた女なんだから」と諦めた。いつでも帰宅するときは、「私はなにをしていたんだろう」と混乱して罪悪感に襲われた。それを打ち消すために、ふたたびマゾ行為に走った。

「私はいつも、男の人にすがろうとしていたんです。ぜんぶ自分を預けてしまうんです。むこうは私のことを重要視していないのに、こっちは『きっと私を救ってくれるにちがいない』という思いがあって…。お互いに心が通じあうのが理想だったんですけど、でも、そういうのを求めている人には出会わなくて、ただＭの女をいじめたいという人ばかりでした。だから、自分もしだいに、ただいじめられていればいいと思うようになってきて、『もっともっと』とたくさんＳの男に会いました」

悪循環はつづき、早智子は疲れ果ててた。死にたくなって、カッターで恐る恐る手首を切った。浅い切り傷から流れてくる血を見て、不思議と気持ちが落ちついた。それ以来、毎日のように手首を浅く切るようになった。だんだんと血の量を多くしないと、我慢できなくなった。ある日、実家の母親に電話をして「もう疲れた」と言い残し、手首を深々と切った。娘のSOSを察した母親はすぐに駆けつけ、バスルームで血だらけになっている娘を発見して救急車を呼んだ。

早智子は一命をとりとめた。しかし、精神科医に「なぜ」と聞かれても、本当のことは話せなかった。何回目かの面接で「夫とうまくいかなくて悩んでいたんです」と言うと、「どこのうちもそうですよ」と言われた。突き放されたように感じた。「この人には、とてもじゃないが言えない」と思った。

▼「何でそんな目に遭ったのが、わかるよね」

そんなある日、早智子はあるカウンセラーに結城麗を紹介された。「Mのことで悩んできた人」と麗のことを聞いていたので、「どうせ私のように惨めで暗い人なのだろう」と思っていたが、会ってみると、明るく大らかな人柄なのでびっくりした。麗の体験談を聞いて感激した。「自分と同じような苦しみを味わって、必死に乗り越えてきたんだ」と思い、心の暗闇にろうそくが灯されたように微かな希望を感じた。

早智子はすべてを打ち明けた。麗はへたな慰めはいっさい言わなかった。「そうだったの、そんなことがあったの」と穏やかに話を受けとめていた。そして最後のほうで、「なんでそんな目に遭ったのか、わかるよね」と優しい声で言った。

その言葉はずっと早智子の心に残った。思い出すたびに、自分のことを考えに考えて、懸命に答えを出そうとした。

「一人で自分だけが沈んでいて、自分だけが不幸だと思っていましたから、そういうときって明るい人は寄ってこない。みんなどこか陰のある歪んだ人、危ない人が寄ってくるんだなと自分なりに答えを出したんです。そしたら、今のままじゃいけない、自分を大事にしようと少しずつ思えるようになったんです」

麗に誘われて、早智子は電話相談を手伝い始めた。最初は「そんな大変なこと自分にできるのかしら」と半信半疑だった。しかし回数を重ねるうちに、どのような話でも聞いていられる自分の力に気づいた。普通の人だったら嫌悪感を持ち、「変態」で片づけてしまうことでも、早智子は素直に受けとめることができた。話す人たちが楽になっていくのを感じると、自分のことのように嬉しかった。

「テレホンセックスとかを求めてくる人もいるんで、そういうときは対処に困ってしまうんですけど、でも、どんなきっかけでもいいから電話をくれて、少しずつ話していって、心の中のことを打ち明けてくれればいいなと思っているんです。だから、私も、電話をかけてくる人には、聞かれれば隠すことなく自分の体験を話しています。いまは、私で役に立つのならという気持ちです」

早智子自身も変わっていった。大量に飲んでいた安定剤や睡眠薬が減っていき、ついに服用しなくて平気になった。サディストの男にやたらに会うという症状もなくなった。嫌なことを嫌だと言えるようにもなった。以前なら、サディストの男にしつこく誘われると言いなりになっていたが、いまは断ることができるようになった。

もちろん、揺らぐときはある。しかし、いまは一人ではなく、支えてくれる仲間がいる。

「この間、Sの男から電話があって、『最近どうしてるんだ』と凄まれたんです。聞いてて嫌だったから、ほんとうはすぐに切ってしまえばよかったし、ろくに返事なんかしなければよかったんだけど、最後まで話を聞いてしまったんです。その後すぐに麗に電話したら、『なんであなた、そこで、もうかけないでくださいと言えないの。いまのあなたならできるよ』と叱られちゃいました。まだまだ自分はダメだと思いましたけど、そう言ってくれる人がいるだけでも心強いです。そうやって支えられながら、自分は少しずつ強くなっていけると思うんです」

最近、早智子は家で笑顔が出るようになった。夫とも普通に会話ができるようになった。別々の部屋で寝ているとき、夫が来て、「そっちに行っていいかな」と聞いたとき、「いいよ、おいで」と軽く言葉が出た。夫の態度や言葉使いはとても優しかった。

「電話相談で男の人の弱さを聞くようになってから、もしかしたらうちの夫もそうなんじゃないかしらと思うようになったんです。私にわからない弱さとか抱えて、ほんとうは私に言いたいんじゃないかしら、顔も知らない男の人の話を聞いていて、私は夫の話をちゃんと聞いたことがあるかしらと思ったんです。それに気がついたときに、少しずつですけど、心が解けていったんです」

夫は、早智子がいったい何に悩んできたのか聞こうとはしないが、いつでも気にかけて、聞くための心の準備をしているように早智子は感じる。しかし、彼女は何も話していない。将来的に話すかどうかもわからない。知って不幸になることもあると思う。言ってはいけないという気持ちもある。しかし、夫に語りたいという気持ちは日に日に増している。

「麗が『ゆっくりだよ、ゆっくりいけばいいんだよ』って言ってくれるんで、すごく気持ちが落ちつくんです。彼女に会っていなければ、きっとまだ底のほうでドロドロしていたんじゃないかな」

早智子は自分を愛するという感覚と、人を愛するという感覚を取り戻しはじめているという。麗の言葉通り、ゆっくり、ゆっくりと階段をのぼるように。

【第4章】拒食・過食症

食べるのが苦しい

▼摂食障害とは何か？

前章では自虐行為としての性行為について触れたが、根源にある問題は類似してはいても、自虐行為というのはもっと多様な形で出てくるものだ。特に自分自身の身体を破壊に導くという点では、徹底的に拒食や過食をくりかえす行為も凄まじい自虐性を帯びている。

これは「摂食障害」という病気に認定されている。効果的な治療プログラムの研究が進んできているとはいえ、現代社会における難病のひとつに含まれるのはまちがいない。死亡率が七~八%、そのうち一%が自殺といわれている。薬物療法だけでは根源的な治療にはならない。極度のストレス、特に家族関係での苦しみが病因にある場合が多く、長期的にカウンセリングを続けていく必要があるというのが定説である。

東中野にある『なち相談室』は、摂食障害を専門にあつかっている数少ないカウンセリング機関のひとつである。静寂な住宅街にある一軒家で、注意をしていないと見過ごしてしまうほど小さな表札が出ている目立たない相談室であるが、入れかわり立ちかわり摂食障害で苦しんでいる人たちが訪れてくる。遠隔地から訪れる人も少なくない。宣伝はぜんぜんしていないが、自助グループや親の会などを中心に口コミで伝わっていくらしい。

カウンセラーの粕谷なち（三十四歳）は、「八割は治ります」と自信をのぞかせる。この数字は、摂食障害の治療法が確立されていない現状では、驚異的ですらある。

「ここに落ち着く人たちは、大手の病院から始まって、精神科や心療内科のカウンセリングをさんざんたらい回しにされてきた人たちがほとんどです。最後の望みをかけて来ます」

定説では、命を落とす危険性がある病気なので、症状がひどい場合は、病院で点滴を打ち、処方された薬を飲むことも必要である。しかし、摂食障害はそれだけでは治らない〝心の病気〟である。当然、カウンセリングが最重要になってくるが、残念ながら多くの病院はそれを怠っている。患者数が多くて時間がないので、一人一人の患者に懇切丁寧なカウンセリングをしない。必然的に薬物に偏った治療になる。

粕谷なちは、このやり方に対して、こう批判する。

「摂食障害は、薬ではまったく治りません。薬をさんざん飲まされて、逆に治らない体にされてしまうという感じもある。初歩の段階でもっと丁寧に接してくれる人がいたら、こんなにならなかったのに、という感じですよ。百人いれば百通りの治り方があるんですから、マニュアル的な治療法ではなく、どのやり方がその人に合うかをいっしょに話しながら考えていかなければ」

実際、なち相談室に来る人たちに話を聞くと、精神科や心療内科の医師に対する不信感が根強いことがよくわかった。「薬漬けにされて気分が滅入ってきて、ますます症状が悪くなった」「病院では、見下されているような気がして、むこうのペースで観察されている」「教科書に載っているようなわかりきったことばっかり偉そうに説教臭くいう」「信用できないから、肝心なことを話せない」「症状に対する質問ばかりして、なんにも心のことを言えない」「『皮と骨ばっかりだな』と鼻で笑われた」ｅｔｃ。そして、ほぼ全員が「こうなった気持ちをわかってくれない」と語っていた。

もちろんそれらは、全面的に事実ではないだろうし、思い込みの範囲を越えていないかもしれない。しかし、そう感じてしまって不信感が芽生えてしまったのであれば、もう心を開くことはできない。それだけでも、治療としては失敗である。なち相談室に来た理由も聞いたが、それまで積もり積もった不信感の反動であるような気がした。

誰もが「なちさんも摂食障害の経験があるから、この人ならわかってくれると思った」という。「目線が同じ立場で見てくれるし、いっしょに考えてくれる」「先生という感じじゃなくて、先輩とか友達という感じで、なんでも話せる」「医者は摂食障害を『病気』としか思っていないが、なちさんは『成長するひとつの過程』と思っているから、気分が明るくなってくる」ｅｔｃ。

相談室の雰囲気が病院の冷たさとは正反対であるのもいいのだろう。なちを始めとする三人の女性カウンセラーは、とにかく明るく元気だ。仕事のために無理をしている感じはなく、純粋に楽しんでいるのが伝わってくる。みんな決して「先生」とは呼ばず、「なちさん」と気軽に呼んで親しんでいる。

そして相談室がある一軒家はなちの親の住まいでもあるので、生活感が漂っているのも温かな感じがする。親や子どももすっかり相談室の顔である。父親は趣味を活かして定期的に句会を行なったり、故郷の群馬県での合宿で案内役をつとめたりしている。子どもはたくさんおもちゃが置いてある待合室で、お姉さんたちと遊んでいる。ここの雰囲気を一言でいうなら、アットホームという言葉に尽きる。月並みな表現であるが、それしか思いつかないほどアットホームなのである。ある女性はこう語っていた。

「最初はここに来るのが嫌だったんです。ブルーだった。でも、『こんにちは』と温かく迎えてくれたとき、ブルーから脱出できた。そういう経験は初めてでした。それ以来、ここに来ると、元気になれるんです」

なちは、摂食障害を治すことは、心の便秘を治すことだという。

「私がそうだったように、摂食障害になる子は、『私はこうあるべき』『私はこうしなくちゃいけない』という意識が強すぎるんです。たとえば、『三〇キロまで痩せなくちゃ』とか『人の前ではこうしなくちゃ』とか、心にコップがあるとしたら、そういうのがパンパンに溜まっていて、何年間もそれを持ち続けているんです。もう濁っていて、粘り気も出ているのに、ぜんぜん出ていかない。私はそれを『心の便秘』と呼んでいるんです。『便秘は万病のもと』というけれど、心もすごい病気を起こすんですよ」

心の便秘が続いているときは、何を言っても絶対に心に入らないので、なちは辛抱強くタイミングを待っている。そのうちに「あっ、この子、なんか求めてるな」と直感でわかるときが来る。そのときを逃さず、求めている言葉や態度などを判断して、きちんと伝えると、心の便秘は治っていくという。

「心のコップの水かさがスーッと減っていくので、求めているものをワーッと入れちゃうんです。たとえば、自分でかたくなに否定しているところを『すごい、そういうところがいいわね』と誉めてあげて、その子がもっている素敵なものに気づかせちゃうんです。タイミングが悪いとまったく意味がないんですけど、求めている瞬間なら、それだけでけっこう発想がパッと切り替わっていくんです。私は、そういうタイミングをうんと大切にしています。一回うまくいけば、後は出して入れて出して入れてと呼吸をするように、コップの中身が変わっていくから問題ないですね」

相談室での言葉や態度だけではなく、日常生活でどんな言葉や態度を求めているのかを探すことも重要である。多くの場合、親の言葉や態度にたどり着く。家庭の中でそれらが足りなかったからこそ、子どもは摂食障害になり、無意識のうちにも親に対して「わかってほしい」と信号を送っているという。

なちは積極的に親を呼ぶ。個人カウンセリングだけではなく、親の会も設けている。そして、「とにかく耳を傾けて、自分の意見を絶対に最初は言わないで、お子さんが落ち着くまで聞いてあげてください。聞いているうちに、お子さんが何を求めていて、何を言ってほしいのかわかってきますから」と一所懸命に伝える。「とにかく、真っ白になって聞いてみてください」とも。

しかし、大半の親は子どもの話をほとんど聞いていない。何を言われるのかビクビクしながら聞いているので、自分が否定された言葉ばかり覚えていたり、摂食障害になった子どもが理解できずに怖がっているので、逃げ腰のまま聞いてぜんぜん耳に入っていかなかったり、「いいアドバイスをしよう」と意気込んで何を言おうかとばかり考えているので、聞き終わったときに言葉が頭に残っていなかったり…。

「親を巻き込んでやる場合が、いちばん早く治るんですけど、親ってなかなか変わらない人が多いので苦労します。子どもが治った両親に力を借りて、親の会で体験談を話してもらったりして工夫はしているんですが…。とにかく親に変わってもらわなければ、救われない子が多いんですよ。子どもが心から求めている言葉や態度に親が気づいて、家庭で出すだけで、症状が落ち着く子や完全に治ってしまう子はいっぱいいるんです」

また、なちは子どものほうに対しても、親を攻撃ばかりしないようにカウンセリングで導いていく。これこそが『なち相談室』の大きな方針であるという。

「親に嫌なことをされた記憶だけを引っ張りだしてつなげて、『親の育て方が悪いから、こんなに不幸になった』と思っている子は多いし、そういう時期はあってもいいですけど、そこで止まっていたら絶対に治りません。そういう状態がつづくと、悪い記憶がいくらでも出てくるから、どんどん深みにはまっていきます。私のところは、そこから脱して、バランス良く、親の良いところも見ていこうよという方針なんです。良い記憶がたくさん出てきて、『あのとき実はこうだったなあ』なんて親しみが自然に湧いてくるようになると、症状も良くなっていきます。愛情の確認ができてくるわけですから」

これらのカウンセラーとしてのなちの考えは、すべて自分自身の経験から始まったことである。彼女は約五年間、摂食障害で苦しんだ。それを乗り越えたからこそ、彼女の言葉には重みと輝きがある。

▼花形選手が過食症に取り憑かれるまで

なちは高校時代、新体操の花形選手だった。国体六位、インターハイ三位、国際試合のワールカップ三位と、華やかな結果を残した。もちろんその陰には、並々ならぬ努力があった。厳しい練習のほかに、過酷なウエイトコントロールにも耐えなければならなかった。

当時のなちは、身長一六五センチで、体重三七キロ。これでもまだ本人には物足りず、ほとんど食べずに、痩せることに専念した。競技のためだけではなかった。クラブの部長だったので、自分が痩せていなければ部員の模範にならないし、痩せるように指導することもできないと思っていた。

「がんばりましたよ、ほんとに。でも、めちゃくちゃつらかったんです。指折り数えて、終わる日を待っていました。まわりの期待に応えるために、『やらされていた』という感じがありましたね。どうしても愛せなかったんです。三位になれば、なんで二位になれないんだろうと思ってしまうんですね。一度もほめなかったですよ、自分のことを。『それだけできたんだから、すごいじゃない』と思えなかったんです」

三年生のとき、十一月の国体を最後に引退した。ウエイトコントロールから解放されると、食欲のおもむくままに食べはじめた。たった二カ月の間に二十キロも太った。「まあ、いいや、大学に受かったら、ダイエットして痩せるから」となちは気楽に考えていた。翌年一月の共通一次試験まで二カ月しかなかったので、第一志望の国立大学に受かるために猛勉強した。小さい頃から常に優等生だったなちは、「絶対に落ちるはずがない」と信じて疑わなかった。

ところが、結果は不合格であった。

「そこから悲劇がはじまったんですね。いま思うと、ほんのちっちゃな石につまずいたようなもんなんですけど、当時はほんと気が狂ったように自分のことを責めはじめたんです。不合格ということが、私の人生の中で、絶対に許せないことだったんです。『私はこうあるべき』というのに凝り固まっていて、異常な完璧主義でしたから。新体操をやっていたときには、がんばってがんばって、認められればまたがんばれたけど、新体操がなくなって勉強で落ち込んだときに、『がんばっても、もうダメだ』と思い込んでしまったんです」

不合格がわかった日などは、「死んじゃえ、死んじゃえ」と叫びながら、血が出るほど柱に頭をぶつけた。激しい自己嫌悪はとめどもなかった。そして、太っている自分が許せなくなってきた。ニュースキャスターやモデルの女性たちと比べては落ち込み、苛立ち、自分を責めた。

ところが不思議なことに、そういう状態から解放されるのは、食べているときだけだった。なち自身もその理由はよくわからなかったが、とにかく食べている間は、いろいろなことが忘れられた。

「『勉強しなくちゃ』『ダイエットしなくちゃ』『急がなくちゃ』なんて頭の中がぐるぐる回っていましたから、そのストレスがたまると無性に食べたくなって、食べ出すと頭が真っ白になってリラックスできるんです。救われているという感じで食べていましたね」

しかし、大量に食べた後は、激しい罪悪感に襲われた。「わたし、頭がおかしくなった」と落ち込んだ。「もう今日でやめよう」と決心しても、翌日になれば必ず食べていた。「お金も体力も時間もすごくかかって、無駄なものばっかり作り出しているような感じがして。もともと意志が強くていろんなことをなしとげてきた私がなぜ止められないのかと、すごく許せなかったんです」

当然、どんどん太りはじめ、恐くて体重計にも乗れなくなった。体が重くなって耐えがたくなったとき、ふと吐くことを思いついた。洗面台に顔を近づけ、恐る恐る口に手を入れて、思い切って喉の奥まで指を突っ込んだ。一気に吐くと、ある種の快感が走った。やみつきになって何度も繰り返しているうちに、太らないどころか、どんどん痩せはじめ、五十キロまで戻った。「これはいい方法を見つけたな」と心底思った。

それ以来、一時間半食べつづけては三十分吐くというパターンになった。ひどいときには、一日中それを繰り返した。自分流でやっていくうちに、深みにはまっていった。当時の日記になちは、こう記録している。

『今日も死ぬほど食べた。おにぎり2個、ポテトサラダ、カニ1匹、おでん2人前、みかん3個、アイスクリーム3個、あずき缶1缶、トマトジュース1缶、牛乳1パック、食パン1斤、ピーナッツバター1瓶、クッキー1箱、菓子パン3個、ヨーグルト500g』

たとえこういう状態がつづいても、なちは、自分が病気だとは思わなかった。もちろん異常だという自覚はあったが、摂食障害という病気を知らなかった。誰にも相談できず、ましてや親などに絶対に言えず、孤独に悩んでいるしかなかった。

▼すべてが許せない

なちは一年後に再受験をして、東京農業大学に進学した。バイオ・テクノロジーを学ぶつもりだった。しかし、入学してみると、すぐさま「許せない大学」に感じてきた。「なんで構内に馬が歩いているんだろう」「なんでこの人たちといっしょにいなきゃいけないんだろう」などと、いちいち頭にきた。

農大のほのぼのとした学生達や雰囲気が許せなかった。動物も許せなかった。そしてなにより、そこにいる自分自身がいちばん許せなかった。たえずそういう意識がつきまとっていて、少しも大学生活を楽しむことができなかった。余計にストレスがたまり、過食はますますひどくなっていった。

もし本音を素直に語れる場所や仲間がいたら、救われたのかもしれない。しかしなちは、絶えず「許せない」という思いをひた隠し、明るい笑顔の仮面を被っていた。余計にストレスがたまり、過食に拍車をかけた。二年生のとき、ミス農大に選ばれ、一躍キャンパスの花形になり、男子学生からちやほやされた。しかし、なちにとっては、それも苦痛の一種にすぎなかった。

「昼間は明るいミス農大で周りの誰からも好感を持たれる私と、夜は食べ吐きをせずにはいられない醜い私とのギャップがどんどん大きくなって苦しみました。それに私自身は、自分の容姿が気に入らなかったんです。新体操、その前のクラッシック・バレエをやっていた時期から、脚の太さがすごく気になっていて、どんなに痩せても脚だけは痩せなかったんで、すごいコンプレックスでした。そのことだけで、もうぜんぜん自信を持てなかったんです」

いくら周りから誉められても、自分を受け入れられない、自分を好きになれない悲しみと苦しみ。重箱の隅をつつくように自分自身の「欠点」を探し出し、自分自身で自尊心をズタズタに傷つけてしまう心の病。それは恋愛にも影を落とした。

ミス農大のなちに夢中になる男は多かったが、彼女が心から好きになる男はいなかった。いちばん熱烈にプロポーズしてきた男は、優秀で、自分の考えや気持ちをはっきり言う自信家だった。会話をしていると、「○○についてどう思う」とよく訊いてきた。なちには、それが怖かった。そのために、彼をどうしても好きになれなかった。

どんな些細なことでも、なちは自己主張ができなかった。たとえば、ドライブしていると き、車内がすごく熱いのに、「クーラーをいれて」と言えなかった。聞きたくない曲が流れていても、「ラジオをとめて」「ボリュームをさげて」と言えなかった。どんなことでも人に合わせないと、「嫌われてしまう」と思い込んでいた。とにかくそうならないようにすることばかり気遣っていた。

結局、なちがボーイフレンドに選んだのは、「どうでもよくて嫌われてもいい人」だった。彼は自己主張がぜんぜんなく、すべてなちの言いなりだった。なにごとも「いいよ、いいよ」で済ませてくれて、わがままでもきついことをいっさい言わず、うやむやにしてくれた。なちにとっては、すごく楽だったが、物足りなさも感じていた。

「自分を出せなかったその時期に、彼のような人が必要だったんでしょうね。彼によって救われていたんですから。でも、やっぱり、恋愛という気分には程遠かったと思います」

なちは自分自身を責めるのと同時に、自分を生んだ親を恨んだ。

父親はとても博識で、それがなちにはプレッシャーだった。宿題などでわからないことがあって父親に質問すると、どんなことでも答えてくれたが、その反面、「おまえ、まだそんなことも知らないのか」とかならず言われた。読書についても、「おまえ、まだその本を読んでいないのか」と叱られた。なちはそのたびに傷ついた。知らないことが悪いことで、恐ろしいことに感じた。「お父さん、そういうことを言うと、私が傷つくのがわからないの!」と心の中で訴えたときもあったが、決して父親に伝えられなかった。いつもただおびえているだけだった。子供の頃から、「何にも知らない馬鹿な自分」を責めていた。

母親は父親に対して不満を抱くことが多く、その愚痴をいつでもなちにこぼしていた。病弱な母親の体調がひどく悪いのに、大手広告代理店に勤めていた父親はお客さんを何人も連れて帰ってくることがあった。母親は台所で宴席の準備をしながら、「なんてひどいお父さん」と涙ぐんでいた。なちは母親に同情して、父親をますます嫌いになっていった。

しかし、あまりにもたびたび父親の愚痴を聞かされるので、いいかげん辟易してきた。いつでも静かに耳を傾けていたが、心の中では「お願いだから、やめて!」と叫んでいた。しかしそれも、決して言えなかった。そのうちに、父親よりも母親に対して批判的になっていった。「実はお母さんこそ、愚痴ばかり言う嫌な奴だ」と思った。

そして二十一歳のとき、摂食障害でいちばん苦しんでいる時期に、親をもっとも責めた。

「『なんで生んだのよ!』と、自分を生んだこと自体が許せなかったんです。自分の存在を消したいと思っていたときでしたから、存在をつくりだした親に攻撃が向かっていってしまったんですね。でも、それでも激しくは表に出ませんでした。食べ吐きしていることを親に言えませんでしたし、母が病気がちだったこともあるんですが、とにかくあの頃は、自分を出すことがぜんぜんできなかったんです。ずっと自分の中だけで親を責めていました」

▼脱出

摂食障害になって三年目に、なちは肉体的にも精神的にも限界を感じはじめた。胃けいれんや嘔吐後の心臓の痛みが激しくなってきた。「死にたい」という気持ちが日に日に強まってきた。そんな追い詰められた状態で、生きるために最後に思いついたのが、海外へ行くことだった。

「生活環境を変えてみよう、今までのいい子ちゃんだった仮の自分ではなく、本当の自分を生きてみようと思ったんです。崖っ縁から飛び降りるような気持ちでした」

両親に猛反対されたが、なちの決意は固く、結局、許可をしてくれた。留学先はロンドン大学を選び、付属の語学学校に入学した。海外に行って生活環境を変えれば、食べ吐きも治るだろうと思い込んでいた。しかし、現実にはまったく効果がなかった。

肥満の人が多かったので、「吐かないで太ってもいいや」「いや、吐かなきゃ」などと考えが混乱してきて、余計にイライラしてきた。初めての一人暮しだったので、自炊も大変だった。摂食障害になって以来、満腹感を感じたことがなかったので、どのくらいの食事の量を作っていいのかさえわからずに苦労した。「もう治らない」と心底思った。

「どうせ死ぬんだから、やりたい放題やろう」。そう心に決めてから、なちは必死になって遊びはじめた。髪をアフロにし、厚化粧をし、派手な服を着るようになった。毎晩のように酒を飲み、ディスコに通った。約半年間、そんな生活を一所懸命に続けた。過食症で苦しんでいるのを仲間に隠しながら。

ある晩、なちの部屋でパーティーをした。乱痴気騒ぎの後に、みんな酔っ払って床にごろごろ寝転んだ。なちだけは酔わなかった。秋の寒い日だったので、「みんな風邪ひかないようにしなくちゃ」と思い、せっせと毛布をかけた。飲みすぎで具合の悪くなった友達をベッドに寝かせて介護した。

みんなが熟睡した頃、「ああ、これでみんな大丈夫だな」とようやくホッとした。余っていた酒を一人で飲み始めた。ふと、「私、なにやってるんだろう」と思った。なんだか無性に笑いが込み上げてきた。

「外見も中身も百八十度変わったつもりなのに、嫌いだったいい子ちゃんを私はまたやっているのに気づいちゃったんですね。散々まじめに不良をして、いちばん酔っ払いたい私がいちばんしらふで、人の介護をして、具合が良くなれば安心して…、ここまで来てこんなことをやっている私ってなんだろうと思ったら、おかしくなっちゃって」

その晩は、自分のことをつくづく考えた。明け方まで、泣いたり笑ったりしながら、考えた。そして考えついたことは、自分自身を初めて受け入れることだった。

「なんで私じゃいけないんだろう。なんで私は自分のことがいちばん嫌いで、いつも私じゃダメだと自分に言ってきたんだろう。いいじゃない、このままの私で」

その日以来、過食の仕方、捉え方がまるで変わった。それまでは、「食べちゃだめ、食べちゃだめ」とひたすら否定しながら食べていた。限度を越えると、あとは吐くために食べるという感覚になり、歯止めが効かなくなっていた。しかし、その日をきっかけに、「食べたいんだから、食べてやろう」と考えるようになった。「いっぱい食べたいんだから、食べてあげればいいじゃない」と。吐くことも同様だった。その頃は、吐くのが苦しくなっていたので吐けなかったが、「苦しいんだから、吐くのをやめてやろうよ」と素直に思えた。

すると、不思議なことに、過食を肯定するようになってから、食べる量がどんどん減っていった。次第に、過食も苦にならなくなり、体重にもこだわらなくなった。

「すごいですね、受け入れちゃうって。いちばん自分の欠点だった『まじめさ』が『いい奴』に変わったとき、『ああ、こんなふうに自然にやってもいいんだな』と思えて、それからの変化は自分でもすごくおもしろいほど、何に対しても肯定的になっていきましたね」

そんな頃、両親がロンドンに遊びにきた。なちは普段の恰好のまま空港に迎えにいった。お米や味噌などの荷物をいっぱい抱えた両親が到着ロビーに出てきたので、なちは目の前まで近づいていったが、素通りされてしまった。「お父さーん、お母さーん」となちは声をかけた。振り向いた両親は、目を凝らして、ようやくなちに気づいた。

「おー、おまえ変わったなー」と父親が声をあげた。その第一声は、父親のイメージを変えるほどに、なちの心に響いた。「こんなことしたら許されないんじゃないか」と思い込んでいたなちは、当然、父親に叱りつけられると覚悟していた。それが意外にも、父親は、久しぶりに会った娘の変化をおもしろおかしく感じているようだった。「ロンドンにいると、ずいぶん変わるなー」と言いながら、もさもさのアフロヘアーや、パンダのようにアイラインを塗りたくった厚化粧や、派手派手のロングコートなどを見ている目も楽しそうだった。怒ったりがっかりしたり嫌みな感じはぜんぜんなかった。母親はその隣でにこにこしながら、優しいまなざしで娘を見ていた。

たった三日間のロンドン観光であったが、なちは案内役になり、同じホテルに泊まり、両親とずっといっしょにいた。無邪気な子どもに戻ったかのように、両親に心を開き、打ち解けた。何も演じることなく、自然にそうすることができた。心から自分への愛情を感じ、「すごい、愛されているじゃない」と何度も思った。親の愛情を確認すると、生きることに対する安心感さえ感じられた。「自然にわいてくる力でもってなんとかなる」というほどの揺るぎない安心感だった。両親が帰ってしまうと、恋しくて恋しくて仕方がなく、二人を追うようにして日本に帰った。

以前は「許せない人たち」としか思っていなかったのが信じられないほど、「なんて素敵な人たちなんだろう」と思いながら、いっしょに暮らした。以前なら、悪い面ばかり目について否定的にしか捉えられなかった。「なんであんなこといちいち言うんだ」「だから私は、こんなにひねくれたんだ」と一方的に攻撃ばかりしていた。しかし暗闇に光が差し込んで、ぜんぜん見えなかった物が輝いてきたかのように、同じことの中に良い面があるのに気づいた。過去の記憶をたどっていっても同じだった。特に母親が亡くなってから、その思いをいつでも抱きつづけた。

「子供の頃、一人だけ誕生会に呼ばれなかったときがあったんです。母は『見ていなさい、呼んでくれないあの子こそ不幸になっていくからね』と言ったんです。そのときは、『なんて心の狭い、ひどい人なんだろう』と頭の中で思って、ずっと記憶に残っていたんですけど、実はその母の言葉でどれくらい私が救われたか。いっしょに怒ってくれたり、泣いてくれたり、ほんとに共感ですよね。私の気持ちそっくりに母が思ってくれたことで、きっと私って救われて生きてこれたんだろうなと思うんです。頭の理屈じゃなくて、感情で母の気持ちがわかるようになったとき、『これ自体がすごい愛情だね』ってわかったんです」

▼なぜ抜け出せたのか？

自分を受け入れ、親を受け入れてから、他の人間関係も見事に変わった。

以前は、嫌われるのが怖くて、人に求められたものは全部こなさなければいけないと思い込み、完璧をめざしてがんばりにがんばることが生活のすべてだった。大学の共同研究では同級生がさぼるために押しつけてきたぶんまでこなしていたし、ミス農大として常に愛嬌をふりまいたり、行きたくないコンパの誘いなどでも率先して乗ったりしていた。しかし、帰国して復学してから、それらがどうでもよくなった。「できる範囲でやればいい」と割り切るようになった。嫌なことはきっぱりと断われるようになったし、愛想笑いもなくなった。

「一見して恐いお姉さんって感じになりましたね」

以前恐れていたように、それで嫌われたり文句を言われたりすることはなかった。「あっ、なんだ、こうやって気楽に生きていけばいいんだ」と実感した。友達づきあいも変わった。すごくラフに、フランクに会えるようになった。いいところにばかりに目がいくようになり、「あっ、そうか、いい友達を持っているな」とうれしくなることが多かった。自分よりいいところがあれば素直に認め、ひがまなくなった。もちろん、悪いところが目につくこともあるが、「こんないいところがあるんだから、それで私はつきあっているんだな」と納得がいくようになった。友人の数はぐんと増えた。許せなかったはずの大学が「温かくて味のある居心地のよい場所」になっていた。

恋愛も変わった。復学してから、かつてのボーイフレンドとまたつきあい始めたが、彼はあいかわらず「全部いいなりになる人」だった。なちは、すぐに別れた。「私にはもう必要ない」と思ったからだった。大学四年生のとき知り合った男は、正反対に、「まったくなびかない人」だった。自分は絶対的だと思っているらしく、自己主張が激しかった。まとはずれの意見を言っても、「だって俺、そう思うんだもん、しょうがねえじゃん」と堂々としていた。以前は意見を言われること自体にびくびくして耐えられなかったので、そういうタイプの男性には近づくことさえできなかった。

ところが、なちは、彼に魅かれた。「私にないものを持っているな」と興味が湧いてきた。

彼の意見に対して頭にきたとき、思い切って、自分の意見をぶつけてみた。彼が「でも、俺は俺が好きだから、変わらないよ」とさりげなく答えたとき、なちは「いいなあー」と惚れ惚れとした。次第に、臆することなく、彼に対して意見を言えるようになっていった。ぽんぽんと意見を言い合え、喧嘩腰の議論さえできるようになった。けんかをするたびに、彼をますます好きになることに気づいた。

「自分がいかに変わったかよくわかったし、自分があるというのがこんなに楽しいんだと思いました。昔は、ただヒステリックに泣き叫ぶことはあっても、問題をきちんと見据えて意見を言うことなんて絶対にできなかったんです。議論や口喧嘩なんて、とんでもない。むこうが感情的になれば、ただ謝ってしまうか、逆にこちらがヒステリーを起こしてむこうが折れるという繰り返しでした」

こういう変化と共に、摂食障害も治っていった。ロンドンでの気づきがあって以来、症状はどんどん良くなっていたが、治ったことを自覚したのはそれから六カ月後、二十三歳の誕生日にデコレーションケーキをもらったときだった。以前は、一口が十口になり、百口になり、ぜんぶ食べてしまった。一切れ目は吐くのを我慢して、二切れ目からは吐くために食べるという感覚だったのが、そのときは、一切れ目で満足した。とてもおいしく味わい、心地よい満腹感さえあった。「これでもういらない」と思ったとき、「あっ、治ったな」と実感した。摂食障害が始まってから五年目のことだった。

それ以来、なちは考えに考えた。「あの苦しかった過食症地獄の日々は何だったんだろう。どうして私はそこから抜け出せたんだろう」と。そして、ある確信に至った。

「私は、親や周囲の人の期待に応えることでしか、自分を表現できなくなっていた。そしてそれに挫折したとき、人から見捨てられるのではという不安と恐怖から逃げるために一番身近な食べることに走った。空しい心と胃袋をすり替えていた。過食症は体の病気ではない。自然体で自分に素直に生きたいと叫ぶ、心のSOSなんだ」

摂食障害の人たちを助けたいという気持ちが芽生えてきて、いてもたってもいられない気持ちになった。カウンセラーになるために、大学卒業後に専門学校のカウンセラー養成コースに二年間通い、摂食障害に先駆的に取り組んでいた精神科医の研究所に飛び込みで入れてもらい、カウンセリングを実地で学んだ。

二十七歳のとき、なちは独立して、自分自身の小さな相談室を開設した。カウンセリングだけは、自分流を貫いて、やりたいようにやりたかった。五年間の苦しみを乗り越えながら学んだことを、自分のところに来る人たちに精一杯伝えたかった。

「自分に必要なものが病気という形でやってくるんです。薬で退治してはいけないものだと思います。家族の関係を直すよいきっかけになるし、自分を見つめる素晴らしいきっかけになるんです。自分を好きになるための過程なんです。私なんか、まさにそうでした。私には摂食障害が必要だったと、今は心から思っているんです」

『なち相談室』では、来談者同士の交流を大切にしている。そのためにグループセラピー、合宿、句会、カウンセリング講座(「スマイル合宿」「スマイル句会」「ファミリーマインド講座」という)など、いろいろな試みが行なわれている。孤独に悩んでいた若者たちがアットホームな雰囲気の中で心を開いていき、摂食障害を経験した者しか持ちえない言葉を共有して互いに支えあっていく。それこそ病苦を乗り越えていくのに欠かせないことではないだろうか。なちは、情熱的にこう語る。

「体験した人の言葉はすごい力を持っていますから、与えてくれるんですよ、気づきを。果物ひとつ取ったってそうですよね、『りんごというのは何科の植物で、甘酸っぱい味がして、皮は赤色…』なんて説明するより、一口かじったほうが早いですものね。そうすると、『りんごってこれか!』ってわかるのと同じで、摂食障害を体験して治って語る一言って、みんなすごいんですよ。そういう人たちが『つらいんだよな』という言葉が『だれもわかってくれない』と悩んでいる人にパッと伝わって、『あっ、この人、わかってくれる』となるんです。やっぱりそれは、かじった人でないとわからないと思います」

私はグループセラピーに何度か参加したが、多少なりともその意味を実感できた。なちを中心に十人前後が車座になり、思い思いに語っていくのだが、当初は参加者それぞれが殻にこもっているような閉塞感があった。ところが時間が経つにつれて孤独感がやわらいでいくのか、参加者の言葉や表情がしだいに豊かになり、暗雲が晴れていくような感じがした。話は摂食障害にまつわる体験談がほとんどなので悲惨なものもあり、涙を流しながら話す人もいた。しかし、それらは決して否定的には受けとめられず、「うん、わかる」という共感に包まれていた。そして話がどんどん盛り上がっていくと、笑顔や笑い声が出るようになった。苦しい経験を笑い話として話せるところまで来れば、そうとうに解放感が得られるはずである。

進行役のなちはところどころで、「みんな、すごいね」「ほんと、がんばったね」「いい経験をしたね」という言葉をはさみ、参加者の気持ちを前向きにさせていた。こういう言葉は下手をすると嫌みに聞こえたり、大きなお世話に感じたりするものだが、なち自身がほんとうに共感して感情を込めて言っているので、すんなりと心に入っていくのだろう。その場が明るく楽しくなっていくのは、ポイントを押さえたそれらの言葉が効いているからではないかと思ったほどだ。

「人間って、五十色くらいの色鉛筆だと思うんですよ。自分が暗いと思っている人は、自分が灰色しか出せないと思っている。そのまわりに、そういう環境なり何かがあるんですよ。ここに来て、さんざん話して泣いて、『泣けるあなたって素敵よね』って誰かが言ったときに、赤やオレンジや黄色や水色が出てくるんですよね。この相談室は、自分が好きな色を出していくきっかけになっているんです。『なんだ、わたしって、これでいいんだね、なちさん』って言うときに、『あったりまえよ！』と言うと、ほんとに輝いてくるんですよ。だから、『自分が自分の色を上手に使いこなせるようになると、治るんだよね。病気ってすごいね、ほんとうに五十色の自分の可能性をぜんぶ見せてくれるじゃない』っていうふうに話をもっていくと、その子はほんとにそう感じているから伝わるんです。それから自分を責めるということに時間を費やすより、もっと素敵に生きる工夫をするようになれば、もう心配はいらないですね」

私自身もペシミストで、自分のことを含めて物事を悲観的に見る傾向があるので、こういう言葉はほんとうに心に響く。

▼男性の摂食障害

ところで摂食障害というと、極度のダイエットから始まる「女性の病気」という印象があるが、実は近年は男性の摂食障害も急速に増えている。若い男性が筋骨隆々のたくましい肉体より、ほっそりしたスリムな体形を好み、痩せ願望が強まっているのが要因だろう。ダイエットに限らず、肌や体毛の手入れなどにも及んでいる。男性への誉め言葉に「きれい」「かわいい」という形容詞が普通に使われるようになり、まわりからも女性的な美意識を刷り込まれる時代なのだから、当然といえば当然の現象である。若い層が中心の男性用エステサロン『エステアップムッシュ』のアンケート調査では、顔痩せコースを選んだ動機は、「自分がいやだった」が五十六％でだんとつトップだった。太っている自分を許せないという感情がそうとうに鬱積しているのがわかる。その感情に歯止めが効かなくなったとき、摂食障害に陥ってしまう危険性は高い。

『なち相談室』にもときどき男性が訪ねてくる。「相談室を開いた八年前には、百人に一人というのが定説でしたが、今はもっと増えていると思います」となちは言う。私が参加したグループカウンセリングにも、毎回かならず数人の男性が来ていた。彼らの話を聞いていると、痩せることに対する過剰な執着心は女性のそれとぜんぜん変わらないと思った。傍から見ると太っていないのに、本人たちは「もっと痩せなきゃいけない」と思い込んでいるようだった。また、脂肪を削ぎ落とした筋肉質のひきしまった体を追求するために、食べるのを減らすだけではなく、「運動もやらなきゃ」という強迫観念に捕われて苦しんでいる男性もいた。だいぶ回復してきているとは言うものの、なんとも辛そうで、「男なんだから、体形なんてそんなに気にするなよ」と喉元まで出かかった。しかしすぐに、「そんな物言いはもはや形骸化しているのだ」と思い直した。それよりもむしろ、「男性なのに」ということで特別視しないように心掛けていくことのほうが大切なのではないだろうか。やはり全体から見れば、摂食障害の治療の場が女性の世界であるのはまちがいなく、ただでさえ男性が入って行きにくい雰囲気がある。せっかく勇気を出して相談に行ったとしても、少数派としてのプレッシャーで居心地が悪く、やめてしまう人も多いことだろう。男性に対して間口を広げていくことは、摂食障害の治療にとって、今やとても大きな課題であると思う。

なちは、その点についてこう語っている。

「女性でも男性でも、根っ子は同じなんです。カウンセリングを進めていくと、単なる痩せ願望ではなくて、完璧主義の追求、家族関係での心の傷、仕事や受験でのストレスなどの共通性に突き当たりますから、男性だからといって特殊だということはないんです。だから基本的には、男性だからといって特別な対応をする必要はないと私は思っています。女性と同じように受け入れられているのがわかれば、すごくまじめにカウンセリングに通う人は多いですよ。そうなれば、『痩せていなければいけない』という強迫観念がふっきれるのは早いし、順調に回復していきます。でも、拒食や過食がひどくなって働けなくなったり学校に行けなくなったりして家に引きこもっているときは、女性は『家事手伝い』という立場でいられますけど、男性は立場がなくてまわりから冷たくされますし、自分自身をものすごく責めますから、それで余計に悪化してしまう場合があります。いまや摂食障害は年頃の女の子だけがかかる病気ではないという理解をもっと広げていかないと」

この理解は教師や年頃の男の子を持つ親にとっては必須であり緊急である。一般の大人の想像をはるかに越えるほど事態は深刻であると思うからだ。たとえば近年の新聞記事を調べてみると、一九九八年十一月に富山県で、拒食を続けていた小学六年生の少年が自殺している。「卓球がうまくなりたい」という真面目な生徒で、ラケットの振りを鋭くしようとダイエットを始めたという。短期間に体重が十キロほども減ったらしい。そして「もう疲れた」と書き残して校舎から飛び降りた。

これからの時代、こういう悲劇は特別ではなくなるだろう。男の子に対してもダイエットの正しい方法や危険性を教えなければならないのは明らかだ。そしてもし過剰にダイエットをしている少年がいれば、まわりの大人が注意深く配慮して、専門医やカウンセラーに相談し、摂食障害の早期発見・早期治療に努めていく必要がある。「男の子なんだから、まさか拒食や過食なんて」と甘く考えてはいけない。『なち相談室』の来談者で、摂食障害を乗り越えた一人の男性の経験を詳しく紹介しよう。

▼「自己変革」を目指して

望月拓（仮名・二十六歳）は大学三年生の冬、ある決意をしてダイエットを始めた。

「そろそろ就職活動を始めるんで、気持ちを引き締めるために自己管理をきちんとしようと思ったんです。それまでの僕はただなんとなく生きてきた感じで、自分の進路を真剣に考えたことはなかったんです。大学も受かった中から偏差値が高くて通学が便利なところを選んだし、大学生活でもただ遊びたければ遊んで、お金がなければバイトしてという感じで、将来について特に何も考えてはいませんでした。遊ぶにしても、『大学生活は遊びまくるんだ』という明確な意識があれば、遊びながらもそれなりに得るものはあったはずだと思うんです。ほんと、『これっ』ていうのがなくて、そのときそのとき流れるままに生活していたんです。だから、就職試験は厳しいと聞いていたんで、『もっとしっかりしよう。今度こそ自分で一から決めよう』と思って、自己管理の一環としてダイエットを始めたんです」

彼の中で自己管理とダイエットが結びついたのは、自己管理についての本の影響であった。「アメリカ社会では、肥満の人は自己管理ができていないと見なされて昇進ができない」という内容の文章を読んで、「あっ、そうなんだ。自分の体重を管理できない人は社会人として失格なんだ。そんなふうにはなりたくないな」と素直に思い込んだ。それ以来、「社会人として立派な人＝自己管理ができる人＝食生活がきちんとできる人」というイメージが頭にこびりつき、それをめざすために何となく食べるのではなく、栄養バランスを考えたり、カロリーが高そうなものを控えながら食べるようにした。当時は、身長百六十三センチで、体重五十二キロだった。

「頭がボーッとすることが多くなりましたけど、毎回の食事を自分の納得がいく形で終わらせていくのが嬉しくて、特に気にはしませんでした。むしろ初めて目標をもった気分でしたね。それまでの僕は何かしらの目的や目標に向かって一生懸命に取り組むということがなかったので…」

その頃、拓が急に気になりだしたのは父親の存在だった。彼の父親は大企業のサラリーマンだった。かなり出世をしていて、世間的には「立派な人」として申し分なかった。しかし家庭では身仕度ひとつできず、すべて妻にまかせきりだった。ネクタイや靴下まで、前の晩に妻が用意したものを身につけていた。

拓も自分のことをすべて自分でやっていたわけではなかったが、そんな父親の姿を見てなおさら、自己管理を徹底しようと思った。たとえ将来的な肩書や収入で父親を越えられなくても、とにかく自分のことぐらいは自分できちんとできるようになれば決して父親より劣ることはないと思った。特に食生活の管理をしっかりしようと決意した。

「家での父しか知らないから、私生活の自己管理がまったくできていないのが嫌でも目に付いたんですよ。特に、中年太りの体型を見ていて、食事や体重の自己管理もまったくできていないと思ったんで、出世なんてできなくても、絶対に中年太りにはなりたくないと思ったんですね。あんなふうになっちゃいけないと…」

しかし、いざ就職活動を始めると、予想以上に厳しかった。約五十社を受験したが、中小企業の一社しか内定をもらえなかった。自分は何になりたいのか、どういう仕事をしたいのかと悩んだが、それがわからないまま就職活動に突入し、現実には会社を選んでいる余裕すらなかった。

「この不況で厳しいのは覚悟していましたけど、さすがに落ち続けると、何を頼りにして進めていけばよいのか、まったくわからなくなりました。ですから余計に、がんばればそのぶんだけ、確実に結果が出てくるダイエットに打ち込むことになったんです」

不本意な気持ちで入社した後、自己管理のためのダイエットはどんどんエスカレートしていった。昼食も普通の弁当では「カロリーが高い」と思い、コンビニのおでんを少し食べる程度で済ませていた。毎日のように体重計に乗った。日に日に体重が減っていくのを確認できる喜びは何ものにも代えがたく、自分に鞭打って、さらに激しいダイエットを敢行した。しかし、どうしても食欲が押さえられないときがあった。それは酒を飲んだときだった。職場の人たちと居酒屋へ行くと、無性に食べたくなり、我慢できずにたらふく食べた。

「普通の人から見れば『よく食ってるな』ぐらいかもしれないけど、自分の中では許容範囲を越えているから許せませんでした。その後はかならず、ひどい自己嫌悪を感じて苦しむんです」

ある晩、会社の宴会で飲んでいると、激しい食欲に襲われた。「えいっ、どうにでもなれ！」と酔った勢いでやけくそになり、大皿料理をいくつか平らげた。ついでに酒もがぶがぶ飲んだ。ふと我にかえって自己嫌悪に陥っていると、胸がむかむかしてきたのでトイレに駆け込み、便器にむかって吐けるだけ吐いた。

「あれはそのときの自分にとって、すごい発見でした。『お酒を飲んでいるときなら、いくらたくさん食べても吐けるから太らないな』と思ったんです。もともと体質的に酒に弱かったし、体力が落ちていたんで、すぐに気持ち悪くなるんです。指を口に突っ込んでも吐けなかったんで、お酒しかなかったし、最初はこれ以上にいい方法はないとまで思いましたね」

それ以来、昼間は我慢して、夜になると自宅で酒を飲み、食欲のままに食べて、気持ちが悪くなると吐いた。転勤をして一人暮しだったので、誰にもとがめられず、飲酒と食べ吐きを毎晩つづけた。

「最初はうまくやっているつもりだったんです。でも、だんだん普通じゃないなと思ってきて、『今度こそは止めよう』と思うんですけど、夜になると耐え切れなくなって…。食べる量が自分の許容範囲を大きく越えているんで、『いいや、あとで吐くしかない』と思うと、どんどん食べちゃって、吐けるだけ吐くんです。やめられない自分というのがすごく嫌で、こんなことやっているのは世界中で自分だけだと悩んでいました。自分は気が狂っているのではないかと思いましたね。でも、自分が病気だというのはぜんぜん知りませんでした」

しかし、身体は正直だった。体重は四〇キロ前後になり、体力的には限界に来ていた。営業の外回りをしているときに、めまいや息切れなどが激しくなってきた。社内でもボーッとしていることが多く、書類を眺めているだけで何時間も経ってしまうことがあった。脱力状態がひどいときは、床に落ちたペンを取ることさえできなかった。

あまりに体調が悪いので病院に行き、精密検査を受けて、肝臓が弱っていることを知った。医者から厳重に禁酒を言い渡され、療養をするために休職をして実家に戻った。さすがに「このままじゃまずい」と思ったのできっぱりと酒をやめたが、酒なしでは吐けないと思い込んでいたので、食べるのも我慢した。しかし、食卓に置いてある菓子や果物などが目につくと無性に食べたくなり、堪え切れないときは、すべて食べ尽くした。そのうちに、理性ではぜんぜん衝動を押さえ切れなくなった。

「自分をかたくなに支配していた食事の制限とか、たくさん食べたときは吐かなければとか、痩せていたいとかは越えちゃって、ワーッて食欲が襲ってきて、爆発的に食べ出しました。とにかく目につくものなんでもかんでも食べて、喉元まであふれてきたんですから。動けなくなってソファでうめき声をあげながら寝っころがっているんだけど、頭の中ではまだ食べたいんです。なんにも入らないんだけど、十分、二十分してくると『もう大丈夫だろう』って気がしてきて、家にある目についたものをまた口の中に入れて、気持ちが悪くなって動けなくなるんです。とても人間とは思えないような食欲でした」

当然のことながら、みるみるうちに太っていった。一カ月間で約二十キロも増えた。当人よりも両親が慌てだした。通常は親がいないうちに過食をしていたが、だんだん人の目を気にする余裕もなくなってきて、親が見ている前でも異常に食べていたのである。医者に相談した親は、摂食障害という病気があることを知り、息子に通院をすすめた。拓はしぶしぶと従った。

しかし、精神科や心療内科を転々としたが、本質的な治療には至らなかった。薬と数十分のカウンセリングだけでは、ぜんぜん効果がなかった。入院をして点滴を打ったこともあったが、退院すれば同じことの繰り返しだった。

それに通院をすると、いつも長時間待たされるのが苦痛だった。その間に食欲がどんどん湧いてきて、じっと待っているのが耐えられなかったのだ。ときどき待合室を抜け出して、近所のコンビニに駆け込んで菓子やパンを買い込み、むしゃむしゃ食べながら待っていることもあった。

「医者は命を助けるのが一番だから、人がどう考えているかということよりも、ぱっと見て栄養失調だったら点滴を打ったり薬を飲ませたりするのを優先するのは当然だと思います。それをしなくて死なれたら自分の責任にもなるんでしょうから。でも、それだけではぜんぜん治らないんです。点滴を打っている間も、退院したら家でまた食べて吐こうなんて思ったりしているんだから、根本的にはその意識をなんとかしてほしいんですけど…」

拓は、信頼できるカウンセラーを探した。母親の友人の娘が同じ病気で『なち相談室』に通っていたことを母親が聞いてきて、拓も行ってみることにした。

「なちさんも同じ病気をしていたと聞いていたから、行く前の段階で医者よりは信用度がちがっていました。なちさんのところに行けば、おまじないでもかけてくれるようにあっという間によくなるんじゃないかと本気で思い込んでいたんです。冷静に考えればそんなことはありえないことなんですが、でもそれくらい思いが強くなっていたんです」

その通り、数回のカウンセリングを受けたが、過食が止まることはなかった。拓はなちの前で、ほとんどしゃべらず、無表情だった。終わった後もスッキリせず、なちの目の前で「つまらないな」とつぶやいた。だんだんと、「早く治してほしいのに」「こんなことで治るのかな」という苛立ちと疑問がつのっていき、「治してくれない」なちに対して不信感さえ湧いてきた。そして約三カ月後に、ぱったりと行かなくなった。

▼寝たいだけ寝て、食べたいだけ食べて

そうこうしているうちに休職期間のタイムリミットが近づいていた。拓は「こんなに太って醜いままで、会社に行けない」と焦り、なんとか吐こうと努力して、指を口に突っ込んで吐けるようになった。すると、過食をしてもどんどん痩せてきて、四十五キロまで戻った。「これだったら、痩せているときの自分を知っている人にも顔見せできるかな」という気になってきた。期限が来たので、勇気を振り絞って会社に復帰した。

「せっかく会社に戻った以上、体調のことで何かを言われるのが嫌だったので、二度と体調がおかしいなんて言えないと思っていました。それで、しばらくがんばったのですが……」

しかし、過食嘔吐の衝動はおさまるどころか、ますますひどくなっていった。その頃、昼

によく通ったのは、サラダバーがあるステーキ屋だった。いつでも一人でこっそり行き、肉類を注文しても手をつけず、サラダ・バーを何回も往復して野菜をたらふく食べた。「これならカロリーが低いから、吐かなくても大丈夫だろう」と自分を納得させた。

野菜だけでは我慢できなくなると、会社を抜け出してコンビニに行き、菓子を買い込んで、急いで口に詰め込んだ。会社の帰りにはかならずスーパーマーケットに寄った。母親が作った食事はさっさと済ませて、部屋にこもって買い込んだものを食べつづけ、何度も吐いて、夜中に疲れきって寝込んだ。

「仕事をしていても食べ物のことが頭にちらつくようになって、初めは『今日は終わったら、どこに寄って何を買って食べよう』ぐらいだったんですけど、だんだん落ち着きがなくソワソワするようになって、『ああ、早く帰って、早くたくさん食べて、早く吐いて、早く寝たい！』と心の中で叫んでいました」

拓は会社を辞めたくなったが、決心がつかなかった。この苦しみを誰かに聞いてほしかった。そんなとき思い浮かんだのが、なちだった。

「いざそういう状況になってみたら、話せる人がまわりにぜんぜんいなかったんです。医者も信用していなかったし、親はただ反対するだけだろうし、友達には恥ずかしくて過食症のことなんて話せませんし…。心のどこかに、なちさんだったらわかってもらえるというのがあったのに気づいたんです。あれ以来、会っていなかったんですけど、なんかすごく近い人に感じてきました」

　拓は、なちに電話をかけた。

「もう疲れたよ。会社を辞めたいんだ」

「辞めてから、どうするの？」

「貯金が尽きるまで、寝たいだけ寝て、食べたいだけ食べたい。お金がなくなったら、そのときに考える」

「じゃあ、そうしたらいいよ。じゅうぶんよくやったよ」

　なちの言葉が心に響いた。会社を辞める決心がついた。上司に辞表を提出するとき、拓はきちんと摂食障害の説明をした。それでも引き留められると、過食症について解説した本を持っていって粘り強く説得して、なんとか辞職を承諾してもらった。


　退職後は、寝たいだけ寝て、食べたいだけ食べて、吐きたいだけ吐くという暮らしだった。

「とりあえず寝るのが第一でしたね。寝ている間は、食べないし、太らないし、過食をしている夢を見ても実際には食べていないので太らないですむという安心感があったんです。起きている以上、いや、生きている以上、それが頭から離れないんですから。『絶対に治らない、どう考えても治らない』とあの頃は本気で思っていました」

一日中、寝る・食べる・吐くというパターンを繰り返していた。低カリウム血症による痙攣などの症状が出たり、胃酸の逆流によって歯がぼろぼろになってきたり、手の甲に吐きだこができたりした。

ある晩、ぼんやりとテレビを見ていたとき、恋愛をテーマにしたバラエティー番組が始まった。若いカップルが何組も出てきて、司会者にからかわれながら熱愛ぶりを見せつけていた。拓はそれをなんとなく見ながら、心の底から淋しさを感じた。

「同世代の連中は、恋愛したり、友達と遊んだりしているんだよな。なのに自分はいつも一人で家に引きこもって、食べて、吐いて、寝るだけ…。淋しい。普通の生活がしたい。普通に友達と遊んで、普通に恋愛して、普通に食事をして、普通に街を歩いて……ああ、摂食障害を治そう、本気で治そう」

最後の望みをかけて、改めて『なち相談室』に通い始めた。前回と比べて、なちに対する拓の気持ちはまるで変わっていた。魔法のように即刻治してもらうという大それた期待をするのではなく、ただなちと話をしたかった。それだけで晴れ晴れとした気持ちになり、心が落ちつくので、きっといい方向へ行くと信じた。

「なちさんのところに行けば、自分のことを否定されないですから、それが支えになったんだと思います。たとえば、過食をしているときに親に見られれば叱られるし、医者に言えば『そんなに食べるな』と止めようとするし、一般の人には『食べ過ぎて困っている』というと、『じゃあ、食べなきゃいいじゃん』で話が終っちゃうんです。食べたいときに『食べたらだめだ』と言われても無理な話で、食べたくないのに食べちゃっているから困っているんで、『できりゃ、とっくにやってるよ』と頭に来るだけですよ。でも、なちさんは『ああ、そうなんだ』と、いま自分に起きている現象を認めて、『しょうがないね』という。『だめ』とか否定的なことは絶対に言わない。その受け入れてくれる雰囲気がいいんです。なちさんは経験者だからこそ、その微妙な気持ちがわかるんだと思います」

それは過食と嘔吐に対する拓の心理に大きな影響をもたらした。

以前は、「そんなことしたくない」「止めたいけど止められない」という気持ちが強く、自分を責めに責めて、激しい自己嫌悪に駆られていた。しかし、だんだんと過食と嘔吐を受け入れるようになっていった。「よし、これ買うぞ」と言って食料を買い、「よし、これ食べるぞ」と言って食べ、「よし、吐くぞ」と言って吐いた。その心理が結果的に、食べ吐きの回数を減らしていくことにつながっていった。

「自分で経験していると、いろいろな時期があるんです。ただ痩せることしか目的がないとき、食べたいだけのとき、吐くことしかできないとき…。そのときはそのときで、やるしかないんです。無理矢理やめてもだめですよ。たとえば、小さい頃から『勉強、勉強』って強制されて、遊びたい年頃なのに遊べなかったりすると、あとあと異常な形で出ちゃったりすることもあるでしょ。むりやり押さえつけても、かならずしわ寄せがくると思うんです。それと同じで、とことんやってみる時期が必要なんですよ。必ず治すんだという気持ちを忘れなければ、きっとそれを通過して、だんだんおさまっていくと思うんです」

その後、少しずつ体調が良くなってきて、就職活動を始めるまでに回復した。もちろん現実は厳しく、何度も失敗して、そのたびに深く落ち込んだ。しかし、『なち相談室』に行けば元気を取り戻せた。個人カウンセリングやグループセラピーで、そのときどきの気持ちを言葉にしていき、みんなから励まされ、受け入れられ、それを心の糧にして新たにがんばった。

その甲斐あって、拓は地方公務員の試験にチャレンジするまでに気力が充実してきて、見事合格し、現在ある街の役所で働いている。

「過食で悩んでいる時期というのは、迷っている時期だと思うんです。自分の人生、生き方がわからずに迷っているんです。そして、その迷いが消えて自分の生き方がわかったときに、過食も自然と治っていくんだと思います。だから、治った今だから言えることですけど、摂食障害は僕にとって、とっても意義のある経験でした。それによって生き甲斐や幸せや自分自身が何なのかを知ることができたわけですから」

▼本気で治りたいと思った瞬間から…

拓は食べ吐きがなくなった今も、しばしば仕事帰りに『なち相談室』に寄り、グループセラピーなどに参加している。摂食障害が治っても相談室に来る人は多く、苦しかった時期をいっしょに乗り越えていった仲間と会うのが大きな楽しみだ。そして、新しく来た人たちに自分の経験を話したり自分なりのアドバイスを伝えたりすることにも、拓は大きな生き甲斐を感じている。いま摂食障害で苦しんでいる人たちへのメッセージとして思いついた言葉をメモ書きしておくほど熱心だ。なちがそれを読んで感激し、要点をまとめて、相談室の会報『ありがとうだより』に発表した。

［治っていく過程でのキーワード］

・心のゆとり

ほんの少しでもいい。張りつめた毎日の中でゆとりをつくってあげられると随分と心も体も楽になると思う。たとえば、「一個くらいは、食べてもいいや」「一日ぐらい吐かなくても太らないよ」「今日できなくても明日やればいいじゃん」など。とにかく、一分でも、一秒でも、フッと余分な力が抜ける瞬間を大事にしてほしい。そういう瞬間を感じることができたなら素直に受けとめてほしい。

・からだの要求

からだが欲しているときは必要以上に無理して頭で押さえつけないでほしい。それを繰り返していると、いつかきっと大きな反動がきてしまうと思うから、食べたいときは食べればいいじゃん。食べたくなければ食べなくてもいいし、食べたいものがあれば食べればいいじゃん。食べたいだけ食べればいいじゃん。

・できることから

「今できることをやる」それで十分。だってやってないことは、できないからやってない。やりたくてもできないことは、やれないからできない。できるのならばとっくにやってるはずだ。ただ、やれそうだったらやってみる。もしかしたらできるかもしれないし、とにかく、病気療養中なのだから無理をせず、できることから少しずつやってみる。前に進む気持ちを忘れなければ、必ず良くなるから。

・きっかけを上手に摑む

本にはいろいろ書いてあるし、いろんな人がいろんなことを言う。すべて間違いではないと思うけど、すべてが自分自身に当てはまるわけでもないと思う。いろいろ聞いて、見て、話して、気に入ったこと、やれそうなこと、共感できることが、もしあったなら、上手に取り入れて、自分の中で活かしてみてほしい。何がきっかけになるか誰にもわからないから。ただ何も外から入れない状態はあんまり好ましくないと思うから、目や耳を完全に閉ざすことはしてほしくない。（『特集　拓君からの言葉～摂食障害をくぐり抜けてみて感じること～』より一部抜粋）

そして拓は、大きな文字に波線を引いて、こう呼びかけている。

「本気で治りたいと思った瞬間からもう治り始めているのです！」

この言葉は摂食障害にかぎらず、あらゆる心の病に対して共通するのはいうまでもない。

これこそ回復のあけぼのである。希望への帰路の第一歩である。いつの日か、苦しみを懐かしみ、苦しみに感謝さえするときが来る。微笑みながら、「あれのおかげで、人間的に成長しましたよ」と話せるときが来る。私自身、自分のこととして、そう信じて疑わない。

おわりに……自分が壊れかけたとき、どこへ行けばいいのだろう

私は相当なペシミストである。自分自身のことでも、家族のことでも、他人のことでも、世の中のことでも、いったん悲観的な考えにはまったら止まらなくなり、底知れぬ絶望感に襲われるときがある。それをこじらせると、鬱状態に突入する。何も信じられなくなる。特に自分自身を含めて、人間が信じられなくなる。いいかげんこういう状態から解放されて楽になりたいし、なにより希望を持ちたいが、焦れば焦るほど深みにはまるのが常だ。「まったく救いようがないな」と我ながら思う。

そういうなかで私は、自分自身が勇気づけられる言葉を探し続けてきた。絶望を突き詰めた末に希望を見いだした人の言葉。徹底的に否定的なものを味わった末に肯定的なものを獲得した人の言葉。偉大な作家や宗教家などの作品には、そういう珠玉の言葉がちりばめられている。愛読書はいくつもある。しかし、凡庸な私には、偉大な作家や宗教家の生き方が遙か彼方のことに思える。もっと親しみを感じられる存在でいないだろうか。気軽に会いに行って、じっくり話を聞いてみたい。私は自分自身の救いとして、そういう人の生の声を渇望していたのだ。

しかし、雲をつかむような話だ。いったいどういう人だか皆目わからない、イメージが湧かない。うさん臭い人にもたくさん出会った。恥ずかしながら、藁をもつかむような心理を突かれて、詐欺まがいの行為に引っ掛かってしまったこともある。そういうときは相手へ怒りが向くよりも自分自身へ怒りが向いて、自己嫌悪の塊になった。

ある講演会で偶然に、「回復者カウンセラー」という存在を知ったのは、いま思えば幸運なことだった。その生き方に魅力を感じ、「そこに鉱脈があるかもしれない」と思った。そして気の早い私は、話を聞く前から、私と同じ欲求を持っている人のために回復者カウンセラーの物語を書こうと決めた。たいへん時間を費やしたが、偶然にも助けられ、私は何人かの回復者カウンセラーを探しだした。

どの人もすごく個性的で、人間味にあふれていた。そしてある種の共通した心境があるのだろう、ゆったりとした自然体、包み込むような大らかさと優しさ、ちょっとやそっとのことでは動じない芯の強さを感じた。どこの馬の骨かわからない私に対して、みなさん気軽に会ってくれ、じっくりと自分史を語ってくれた。私は取材者である前に、悩める一個人として、彼・彼女らの話に聞き入った。期待外れなことは、ほとんどなかった。自分自身が飢えていた言葉の数々に出会うことができたし、ときには私のほうが話を聞いてもらうこともあった。

帰途はいつでも、心地よい充足感を味わえ、不思議と元気になれた。「ああいう人たちが現実にいるんだな。人間も捨てたもんじゃないな」と何度も思った。そして鬱状態に陥りがちな私自身のことに対しても、少しずつ前向きな何かを感じ始めていた。

考えてみれば、私はクライアントとして、カウンセラーといい出会いをしてこなかった。五年ほど前にも、私はある有名大学教授のカウンセリングルームを訪ねた。

その頃、いいしれぬ不安を頻繁に感じて何事に対しても自信を失っていた。このつらさを誰かに聞いてほしい、そして受け入れてほしいと思った。しかし、普段から弱みを見せたくないという虚勢を張るくせがあるので、そのときも一人で悶々としていた。

原因は自分自身でよくわからなかった。仕事や人間関係のトラブルなど一過性の悩みではなく、根深く生育歴などに起因するものではないだろうかと考えていた。そして思いついたのは、カウンセリングを受けることであった。自分自身のことを思いきり語ってみたい、その過程でいろいろな気づきを得たい、複雑にこんがらがった不安の糸を解きほぐしてみたいと、カウンセリングへの期待が膨れ上がった。そこで心理学の本を読み漁った末に、その大学教授のカウンセラーにお願いしたのである。

しかしこれが思わぬ失望を招く結果になった。その教授カウンセラーはいかにも自信家であった。ある流派の権威者の一人なので当然といえば当然である。精神的にも体力的にも憔悴している私には、その自信満々な様子や物言いが当初は頼もしく感じられた。彼はカウンセリングの前に自分の専門分野の説明をした。その中には紛れもない自慢話が含まれていて、普段の私なら鼻についたであろうが、そのときはただただひたすら素直に納得した。ところが一つだけ、気に入らないことがあった。その教授カウンセラーはその場に助手を連れてきていたのだ。その助手は部屋の隅に座り、話の内容を筆記していた。口をはさむことはなかったものの、私にはかなり不快な存在だった。

もちろん、事前に断ってのことだった。私はたしかに承諾した。しかしそのときは、「いやです」「やめてください」とはっきり告げる気力もなかった。それができるくらいなら、私はその場にはいなかった。藁をもつかむ気持ちで訪ねていったのに、最初から教授カウンセラーに悪い印象をもたれたくない、嫌われたくないという過剰な気遣いもあった。おそらくそういう心理状態は、経験した者でないとわからないだろう。

その後、面接を重ねるごとに、私の失望感は大きくなっていった。まず、だんだんと教授カウンセラーの自信家ぶりを高圧的に感じるようになってきた。彼にとっては、ときどき私の話が「甘え」に思えたのかもしれない。どのような話の流れであったか忘れてしまったが、彼がいらいらした様子で、「どうしてあなたは、自信が持てないのですか⁉」と語気を強めたことがあった。私はそのとき、ガクンときた。「ああこの人は、ぜんぜんわかってくれてはいなかったのだ」と痛感した。

私は「自信が持てない」という現実そのものから出発したのだ。そんなことは世間では相手にされない。だれも真剣に聞いてくれはしないことはわかり切っている。だからこそ私は、普段はひた隠している自分の弱さをさらけ出すために、カウンセリングという特定の場所と時間を大切にしてきたのだった。しかしどうやらそれは、まるごと受けとめられていなかったようだ。神経過敏になっていた私は、世間にいるときと同じように安心感を失い、居心地の悪さを感じるようになった。

その後も通い続けたが、もはや徒労感さえ抱いていた。私の調子はぜんぜん上向きになっていなかったが、教授カウンセラーに会うときだけは気力を振り絞り元気を装った。いかにも効果があったかのような口振りで彼を喜ばせた。しかしそれは防御でしかなかった。彼の前で弱さをさらけ出すことを拒絶していたからこそ、まるで正反対の自分を演出しているに過ぎなかった。だんだんと虚しさを感じ、疲労も激しくなってきた。「やめたい、やめたい」と思っていても、権威に対して萎縮して言い出せないでいたのだが、風邪で寝込んで面接をキャンセルしたのを境に連絡をしなくなった。

頻繁に助手から電話がきて、「どうか続けてください」と引き留められた。善意からなのだろうか、研究材料を失うのが惜しいからなのだろうかなどと戸惑った。その都度「体調が悪い」「仕事が忙しい」などとのらりくらりかわした。はっきりと思うところを告げればよかったと後悔しているが、当時の精神状態ではあれで精一杯だった。

実はこの体験だけではなく、過去十年ぐらいにわたって、私は何人ものカウンセラーを訪ねたが、ほとんどの場合、「何かちがう」という釈然としない気持ちが残った。そのつど期待が大き過ぎるので失望を招きやすいのかもしれない。それは私自身の問題として反省している。しかしそれだけではないようにも思う。

たとえば、とてもよく勉強している理論家のカウンセラーがいる。そのこと自体は、すばらしいことだと思う。私自身もいろいろな理論の技法（療法）を試してみて「なるほど」と感心し、それなりの効果を感じたことがある。自分自身の悩みに適した技法を探し出すという貪欲さは、むしろクライアントのほうに必要である。しかし、先に技法ありき、では決してないはずだ。なによりも優先されるべきは、人間の苦しみに対する共感能力であるはずだ。それが土壌にあってこそ初めて、どのような技法でも健全に機能していくのであろうし、クライアントとしても安心して受け入れることができるのだと思う。

しかし中には、やたらに技法に走るあまり、心を忘れているカウンセラーがいないだろうか。最新理論などをよく知っていて、こちらも好奇心を刺激されるが、どこかしら空虚な印象を否めないことがある。自分自身の苦しみや不安が大きく包み込まれるのではなく、学説に当てはめられるために切り刻まれていくかのような寒々しい感覚である。

これは特に若い世代のカウンセラーに多い。技法の「おたく」であるかのように知識が豊富であるが、チャート式で受験勉強をするような感覚でカウンセリングを学んでいるのではないだろうかと疑いたくなる。目の前にいる人間の苦しみをまるごと受けとめ切れないからこそ、理論や技法に頼って苦しみの告白をかわそう、その場を取り繕おう、自分をごまかそうとしているのではないかとも思ったりする。あるいは、論文を書くための研究材料としてだけクライアントを見なしているのではないかとも。

「もっと生身の人間の苦しみに対して謙虚になってほしい。知識を頭に詰め込む前に自分自身の人間性を磨くように努力してほしい」と何度も思わざるを得なかった。

当初はカウンセラーではなく、精神科医を訪ねた。しかしこちらに対しても失望感を抱いてしまった。ほとんどの場合、症状を聞かれて薬の処方箋を渡されただけで終わってしまった。その間、わずか十分。薬を飲めば不安の解消にもなるのだが、効果が切れれば元の木阿弥である。しかも薬の量はどんどん増えていく。副作用を気にしながら我慢をして大量の薬を飲み干しつづけたが、なかなか根源的な治療には至らないのだから、いいかげん徒労感に襲われた。薬でパンパンに張っている袋を手にするたびに、どっと疲れ、途方に暮れた。まるで期待外れだった。

何人もの精神科医を訪ねたが、事態はほとんど変わらなかった。やはり数分間の面接と薬だけなのだ。これでは風邪で内科に行くのと変わらないではないか。心をあつかうプロとしては、あまりに怠慢なのではないかと思った。医師たちも一人一人の患者に対してもっと丁寧に対応をしたい、きちんとカウンセリングをしたいという気持ちもあるのだろうが、あまりに患者が多くて無理なのだろう。予約制ではないところでは、一、二時間くらい待たされるのが普通であった。精神的疾患を抱えた者にとっては、この待ち時間だけでもそうとうにしんどい。とても混雑した待合室では、誰もが明らかにいらいらしていた。実際、渋谷にある神経科クリニックに通ったとき、患者同士が口喧嘩をはじめ、私は仲裁に入ったことがある。初老の医師に感謝されたが、「もっと患者に配慮してくれよ。このままじゃ来るたびにストレスが溜まって逆効果だよ」と喉元まで出かかった。これらの経験を通してはっきり認識したのは、特例を除いては精神科医にカウンセリングを期待してはいけないということだった。

私はいまでも路頭に迷っている。自分にとって最良のカウンセラーを探している。そしてこのごろ思うのは、とことん苦しんだ経験があるカウンセラーしか信じられないということだ。もちろん勉強で得られる知識や教養も尊重するが、自分自身の苦しみの体験でしか得られない感受性をカウンセリングの中核にしてほしい。

世の中には、虚飾に満ちた偽りの「希望」を軽々しくふりまく人がいる。深みのない、重みのない、輝きのない「希望」の言葉が蔓延している。

私の学生時代、バブル経済を迎えた頃には、そういう輩がうじゃうじゃと生息していた。社会全体が虚飾の時代だったので当り前といえば当り前なのだが、いま省みれば、あまりにも多くの人が「希望」の言葉に踊らされ過ぎていたと寒気がする。

あの頃は、学生の間にも、明るく楽しく生きていなければいけないかのような雰囲気があった。私の中にもそういう強迫観念があり、まわりから「ネアカ」と認められることに必死だった。いったん「ネクラ」と決めつけられれば、露骨に嫌われた。まるで「ネクラ狩り」である。男の遊び仲間に村八分にされるのが怖かったし、意中の女の子に「くらーい!」とそっぽを向かれるのはもっと怖かった。しかし高校卒業のあたりから、私は演技することに疲れてきた。なんというか、「明るく、楽しい」雰囲気に無理して合わせることに対して生理的に耐えがたくなってきたのである。いま思えば、おそらく、「ありのままの自分でいたい」という欲求が芽生えてきたのだろう。もっとも当時の私が「ありのままの自分」をはっきり自覚しているはずもなかった。「なんかちがう」という素朴な感覚だけがあった。

私が進学した早稲田大学文学部というところは、脳天気な明るさは排除され、ちょっと倦怠感を漂わせているくらいのほうが受け入れられる雰囲気があった。私は「ネアカ」の遊び仲間から離れ、文学や演劇や映画などに興味を持ち始めた。無理をしてウインドサーフィンに手を出したりダンスパーティーに通ったりしていた時期に比べれば、百八十度の転換である。同じような連中と、青臭い文学論や演劇論などを戦わせながら喫茶店や飲み屋に何時間もいるという日々だった。

しかし、あの虚飾の時代に、「ネクラ」と呼ばれがちな生活を送るのは、かなりの抑圧感を強いられたのも事実である。全体からすれば早稲田の文学部は特殊地帯で、一歩外に出れば、「ネクラ」の居場所はほとんどないのである。私の知り合いはみんな共通して、「ネアカ」の世界を嫌悪しながらも強烈なコンプレックスを持っていた。煮詰まった末に行方不明になった人もけっこういた。いろいろな噂が流れた。海外へ放浪の旅に出掛けたとか、カルト宗教にはまったとか…。

特に早稲田はカルト宗教の温床で、当時はオウム真理教や統一教会などがたくさんのダミーサークルをつくり、悩める「ネクラ」の学生たちを次々に勧誘し洗脳していた。私の知り合いの幾人かは、その網に引っ掛かってしまったのだろう。あまりにも突然、音沙汰がなくなった。そしてまわりにいる連中は、それをさして驚きもせず、「あいつもか」程度に受け止めた。「次は誰かな」などと冗談にもならないことを話した。みんな他人事ではなかったのだから。

私たちは何を求めていたのだろう。何事にも刺激を感じなくなっていく、生活に現実感覚がなくなっていく、生きている実感がなくなっていく、底無し沼に落ちたように無気力になっていく中で、自分を別世界へ導いてくれる人物や言葉を求めていたような気がする。自分たちの力ではもうどうにも風穴を開けることはできず、その退屈でしんどい状態がいつまでも続いていくかのような漠然とした不安感を抱いていた。

しかしいつまで経っても、救いとなりうる人物も言葉も見出せなかった。いかにもバブルの申し子という感じの文化人・知識人たちは、毒にも薬にもならないふわふわとした「言葉遊び」に終始しているだけだった。まわりにもそれを気取ったエピゴーネンが無尽蔵にいた。ごく純粋に真剣に閉塞感から脱したいと渇望している者にとっては、たとえ虚飾に満ちた偽りの「希望」であっても、カルト宗教の教祖や自己啓発セミナーの指導者の言葉のほうが「救済」に感じられたとしても不思議ではない。私自身はそれらに加入したことはなかったが、それは私の性格がある程度屈折していて、猜疑心が強いからだろう。もっと純粋でもっと真剣であったなら、「救済」を盲信していたかもしれないと思う。しかし心のよりどころを見出せなかったからこそ、私はひどい鬱状態に陥ってしまったのだ。初めて精神科にかかり、抗鬱剤を服用するようになったのもこの頃だ。

私は卒業直後に渡米した。「鬱病にまで追い込まれた」日本を捨てる覚悟だった。運良く日系誌の記者という仕事を得たので、ニューヨークに滞在した。そのいきさつについては前著『オトコが「男らしさ」を棄てるとき』に書いたので繰り返さないが、私は新天地で精神的に解放され、めきめき回復していった。その間に日本社会は激変した。バブルが弾けて「ネアカ」の世界は崩壊した。そして「ネアカ」の世界の陰で溜まりに溜まり、どろどろと渦巻くマグマのような膿が吹き出た。

紆余曲折を経て私が帰国したのは、ちょうどカルト宗教が様々な問題を引き起こしていた時期だったが、さして驚きはしなかった。それほど激しく表面化する前段階(準備段階)にあたる雰囲気を感じていれば、その成り行きは必然的であるようにしか思えなかった。「ここまで来たか」という程度のことだ。しかし、オウム真理教の地下鉄サリン事件が起こり、強制捜査のメスが入った富士山麓の総本部がテレビに映し出されたときはさすがに、「洗脳はそこまで悪化していたのか!」と衝撃を受けた。白い修業服にヘッドギアという出で立ちの信者たちは、もはや「あちらの世界」の人たちで何のシンパシーも感じなかったが、そこに見覚えのある顔があるかもしれないというのはなんとも複雑な心境で、やりきれなかった。

その後も連日のテレビ中継を食い入るように見詰める中で、私が胸に刻んだことはひとつ。「この問題をできるかぎり自分の問題として受けとめていこう」ということだった。同世代として、あの抑圧感に満ちた空気を、同じキャンパスで吸っていた人たちが「あちらの世界」にいるのだから。「こちらの世界」からの境界線は、ほんとうに紙一重で飛び越えられたのだから。

この本の後書きとしては突飛な話に思われたかもしれない。しかし私としては、地続きなことなのである。

さすがにこの不安の時代に「ネクラ」差別はなくなってきた（そもそも「ネクラ」が死語になった）。人間として当然持っている暗い部分を素直に表現して許される雰囲気が広がったのは、ある意味で過ごしやすく良い時代だ。多少なりとも人間の多様性が認められてきたのだ。しかし、その反面、偽りの「希望」にすがりつこうとする人々が露骨に増えてきたのもまた事実だ。安易なプラス思考法の本やセミナーの氾濫。それらの中にはやたらに神がかった言辞を並べ立てたうさん臭いものが多々ある。そして言わずもがな、カルト宗教は健在である。オウム真理教でさえ新しい信者を続々と獲得している。

私はあの事件に対する感受性を、多くの人々が鈍らせてしまっていることを不審に思う。あの事件をまったくの他人事として捉え、あたかもイベントが終了するかのようにマスコミ報道がなくなるのと同時に忘れ去り、あの事件の教訓を風化させてしまっているのではないか？　あの事件を自分のこととして引き受けていく覚悟など笑止千万であろうか？

そうかもしれない。しかし私は愚直にやる。こういう状況の中で、自分にできるささやかなことは何だろうかと考える。そのひとつは、本当の希望を語れる人のことを伝えていくことだ。本当の希望とは、骨なしの楽観論ではなく絶望を味わった末に獲得した筋金入りの希望であり、華やかな神秘性を強調するのではなく地道な現実感にあふれている希望であり、頭に詰め込んだ知識ではなく切れば血が噴き出すような実体験に根差した希望である、と私は考えている。そして決して有名人ではなく、無名な人々の中にこういう希望を抱いている人は確実にいる。私はその声を書き留めていきたい。なにより私自身が必要としている言葉であるし、他にもその言葉によって救われるという人が存在すると思うからだ。

今回は「回復者カウンセラー」に焦点を当てた。彼・彼女らの生き様はカウンセラーという領域を越えて、広く人間に通じる希望を感じさせてくれる。家庭内の子どもの暴力、夫の暴力、自虐行為としての性行為、拒食症・過食症…それぞれが経験した問題は異なるが、それを乗り越えて今に至る道程は驚くほど似通っている。親との葛藤から始まり、心の傷から目を背けるように何かに依存し、偽りの自分を生き、その歪みであるかのような災いを受ける。絶望のどん底に突き落とされ、流れ流れて希有な人物と出会い、問題のゆえんに気づかされる。自分自身と真摯に向き合い、心の傷を癒し、本当の自分を生きはじめる。そして決して過去の自分を忘れることなく、同じような苦悩を抱えている人たちへの惜しみない愛情にあふれている。

私は彼・彼女らの生き様そのものが希望に他ならないと思い、彼・彼女らの回復の物語とそのなかで紡ぎ出された言葉を伝えたかった。本文からはなるべく解説的文章による味付けを省き、良質の素材をストレートに活かしたつもりである。それが読者にどう受けとめられるかという怖さはあったが、書いた今では読者の数だけ感じ方があってもいいと思う。登場人物の人たちもそう思ってくれているはずである。彼・彼女らは自分自身を絶対化する「カリスマ」になることには無関心な人たちで、そういう謙虚なところも私は気に入っている。もちろん私も含めて、共通の願いはある。読者のなかの幾人かに、新しい回復者が生まれてほしい。

最後にこの場を借りて謝辞を述べさせていただく。

前著『オトコが「男らしさ」を棄てるとき』に引き続き、本書も改発祐一郎さんに編集をお願いした。出版社を移られてからも私の企画を積極的に採用してくれたこと、さまざまな事情によって大幅に原稿が遅れたにもかかわず辛抱強く待ってくれたこと、いやそれどころかまさにカウンセラー的役割で著者を支えて励ましてくれたことに、心から感謝している。そして改めて、取材に応じてくれた方々の多大な協力にお礼を述べたい。みなさん、本当にありがとうございました。

豊田正義

二〇〇〇年早春

本書に登場したカウンセリング機関、シェルター、フリースクールなどの連絡先

カウンセリングルーム「ひだまり」
〒101―0015　東京都千代田区神田神保町3―13―13東大ビル1階
TEL&FAX：03―3238―1860
留守のとき：090―8510―0009

フリースクール「東京シューレ」
〒114―0021　東京都北区岸町1―9―19　コーエイビル
TEL：03―5993―3135　FAX：03―5993―3137

AWSシェルター
住所・電話番号は非公開
問合せ窓口は「アディクション問題を考える会（AKK）」事務局
TEL：03―3329―0122　FAX：03―3329―0518

暴力被害女性の自助グループ
TEL：03−5467−2455（東京ウィメンズプラザ相談室）

家族機能研究所（IFF電話相談室）
〒106−0044　東京都港区東麻布3−7−3　久永ビル
TEL&FAX：03−5561−9365

カウンセリング・レイ
住所非公開
TEL：0424−71−7400（問合せのみ）
FAX：0424−71−7417
＊問合せ後に、カウンセリング専用ラインをお知らせします。

なち相談室
〒164−0003　東京都中野区東中野3−19−18
TEL：03−5330−6562　FAX：03−5330−6560

壊れかけていた私から　壊れそうなあなたへ

初版発行――2000年6月1日

著者――豊田正義
発行者――鈴木荘夫
発行所――株式会社大修館書店
〒101-8466 東京都千代田区神田錦町3-24
電話 03-3295-6231（販売部）03-3294-2358（編集部）
振替 00190-7-40504
[出版情報] http://www.taishukan.co.jp
装幀者――中村友和（ROVARIS）
カバー写真――キーストン通信社（KEYPHOTOS）
印刷所――壮光舎印刷
製本所――関山製本社

ISBN4-469-26444-X　　Printed in Japan